機會效應

掌握人生轉折點，
察覺成功之路的偶然與必然

洪震宇 著

獻給子櫻、倩耘與羽廷，

謝謝你們帶給我的機會效應

REVIEW

各界推薦

我一直相信，人生的形狀不該只是一條線。不會是學什麼只能做什麼，從資淺做到資深，直直的，就這麼過了一輩子。人生應該可以活出各種更有趣的形狀。

這本書的作者洪震宇，過的就是一個無數平行又交叉的線所組成的精彩人生，從親訪台灣三一九鄉挖出最有特色的本土故事，到時尚雜誌副總編；從跨領域寫書，到擔任「故事工作坊」講師，教會好多人說自己的故事……他本身就是一個掌握生命機會的實踐者。

透過震宇兄的視角，閱讀二十個人生，因掌握生命的每個機會——幸運的、意外的、不設限的、甚至討厭的機會，得以打破乏味的制式人生，活出自己的形狀與價值，如果你對未來或挑戰，正退縮、畏懼著，這本書將帶給你反彈的勇氣！

——買買氏，《棄業日記》作者

關於機會，當下看都是撲朔迷離，回頭看都是簡單明瞭，難是難在你得決定把握什麼，又要決定該放掉什麼，這是人生要持續學習的事。此書從不同的訪談故事中，歸納出有別於一般成功看法的六個面向，告訴你如何把意外變機會，把逆風變動力，讓人勇於創造機會，樂觀面對困境，走出自己想要的路。對於此刻想要改變生活的人，書中內容將能帶來許多啟發。

——艾爾文，理財與勵志作家

REVIEW

推薦序　認真的，跟你說

——盧建彰，廣告導演

上帝問你的時候

以前有個朋友跟我說，「你知道，怎樣才能做好的事嗎？」

我說，不知道。

他說，「就是上帝每次問你的時候，你只要說好就好。」

我猜，你一定會問，那怎麼知道哪一次是上帝問的呢？

是啊，你不會知道，但你知道，什麼是好的事呀。

你只要在有人問你的時候，說好。

你只要在自己問自己的時，說好。

上帝會藉由不同人，包括你自己，來問你的，你只要在那時候說好就好了。

我聽了之後，覺得很有意思，從此以後，就盡量這樣做了。

這大概就是我現在在做的事。

不過，好的事，不意味是順利的事，不意味是輕鬆的事，通常是相反地。

壞的事，比較容易是順利的事，容易是輕鬆的事。（不然你問黑心商人）

你一定知道什麼是好的事，雖然不好做，但你就說好，然後去做。

就好了。

雖說這樣就好了，但怎麼讓它更好，洪震宇這書有答案。

我也是這樣想耶

讀洪震宇這本書，總會讓我想說，「啊這個就我呀！」不好意思啊，千萬不要誤會我是在臉上貼金，說自己跟裡面的人物一樣有成就，而是說，我上次覺得結果好像還可以的創新，其實就是靈光一閃，跟裡頭人物的某一瞬間想法一樣。對，我只有一個摸悶（moment）！

這本書充滿了這種靈光一閃，但卻經過震宇兄的有效整理和歸納，並且援引不同學者的理論，讓這些人生的總和被條理分析，以我來說，這本滿是靈光的書，根本就是金光閃閃。

像我看到TOTO KING就覺得，啊我就是這樣呀，在公司工作時，會想說只有這樣嗎？我在世上的價值只有這樣嗎？

並不是說公司會壓抑我的價值，而是，明明我不是公司，公司的想法也不能完全代表我的想法，那我自己真正的想法是什麼呢？

還有，人們是因為我背後的公司有創意而認同我，還是因為我的想法有創意而認同我呢？我也很想知道。

另一個，是時間。

我也想知道，當我老是把「沒時間」當藉口用久後，我也想知道自己，是不是真的有了時間後就能做出自己所認同的東西？

而唯一能知道的可能，就是我脫離公司的幫助和支持，實地自己創造自己的職場才有辦法驗證。

可是，那也太冒險，所以我就先自己拍片，先去學學文創教課，也去大學裡頭教書，並且在自己感受到不足時，去讀研究所，一切的變化，都只是因為我很無聊的，想知道。然後，像騎腳踏車一樣，你發現你好像會滑行了，那你就再用力踩吧，速度越來越快，你就靠自己的力量前進了，上路了。

有人會問說，這樣不會辛苦嗎？

我不確定，但是，我倒是很清楚，不去做我會更痛苦。

有人說，那只是一時的衝動、莽撞。

我倒覺得，一動也不動，從人生的尺度來說，更加莽撞。

震宇兄抓住了人心思裡的那些幽微，把旁人看似輕微的衝動，找到那時代將發生的撼動。

跟運動一樣

洪震宇兄也愛運動，所以，他大概會接受我用運動來做個感受比擬。

我喜歡運動，但，難道我運動不會累嗎？不會喘嗎？不會每一步都想停下來嗎？不會覺得天氣那麼冷待在家比較舒服嗎？不會覺得天氣那麼熱待在家喝飲料比較舒服嗎？不會覺得還要換衣服很麻煩然後還要洗澡再換衣服更麻煩然後吹頭髮很熱很煩超麻煩嗎？

會的，這些都超麻煩的。

可是不去做，我會更麻煩。

我會想說，為什麼我不去呢？為什麼我不去跑一下呢？明明有一點空檔的，而那空檔，我也沒做什麼，什麼也沒有留下來。我會不斷去想說，去做的我自己可能會比現在沒去做的我來得好，來得快樂。

你選擇主動去面對某件事，並在其中或喜或憂，但不管是哪一種情緒，都不再會是「這裡實在好差，我真不想待在這裡」，而是「這裡實在需要我來改變」，或者「原來這裡好差是因為我曾經好差」……

你上一次做運動做到滿身大汗氣喘吁吁，做到自己極限，覺得有夠辛苦，但還繼續用力拼命，是什麼時候？

如果有的話，那你上一次工作，像這樣，是什麼時候？

你為什麼工作不用力，而只想省力，省時間，省錢？

你為什麼工作不像運動一樣，認真？

跟你認真的

我覺得「機會效應」這本書，有個奇妙的核心，就是認真，不管是積極主動地收集故事，還是總是放大感官敏銳感受，抑或是捲起袖子到第一線動手感受土地，我覺得，都跟洪震宇這人很像，就是認真。

你當然可以有很多藉口，「認真就輸了」、「我那麼認真，可是同事都偷懶」、「老闆給的錢一樣，我幹嘛不混一點」，都可以啦，我們都做過上班族，這些藉口都很正當。就是你抱怨時正當的藉口。

但對創作沒有幫助。

我認真的跟你說，你的人生也是一場創作，你的樣子就是你的作品，你把花最多時間和力氣的地方，就會代表你，就會是你。

你抱怨，你的人生主題就是抱怨，你偷懶，你的人生主題就是偷懶。

你自己看得到這幅作品，就算你不想看。

想像掛在牆上的一幅作品，主角是你，主題寫的會是什麼？

這是你的機會，你來得及改主題，你來得及做出作品。

把握機會，享受效應！

REVIEW

推薦序　機會其實無處不在

——李咸陽，文化工作者

在獲悉震宇新書即將付梓之際，正好重看了麥特戴蒙在二〇一一年上映的電影《命運規劃局》，這部由美國科幻小說家菲利浦・金德里德・狄克（Philip Kindred Dick）短篇小說《規劃小組》（*Adjustment Team*）改編的作品，描繪了一個人類命運其實經過規劃的世界，兩位應該無緣交集的男女主角，原本各自將擁有卓越的人生巔峰，但在一次脫軌偶遇後，卻發現彼此深愛不可自拔。即便諸多外力干預，男主角仍極力擺脫命運的制肘，把握每一個機會企圖與女主角重逢廝守。然而，就在最後一刻，他們知道如果彼此相愛，日後本會步上的崢嶸事業，將不會發生。

如果您是男女主角，您會做出怎樣的選擇？劇中的結局一如好萊塢式的思維模式，當然不難猜測。但真實世界中，根據我們直觀的理解，想得知這種預告式的抉擇卻似不可能的任務，但從命理工具中窺見的命運法則，則點出在許多人生的分歧點中，我們自身對於機會的判斷，其實扮演極為重要的角色。雖然對大多數人來說，未知的命運已經夠杳冥難測了，更遑論謀劃操控。然而，命運雖飄渺，但其深刻的奧義，卻非僅是洞察，而是「恃吾有以待之」。

震宇在書中所論述的，雖非言命運，但卻觸類旁通了許多關鍵法門。總結之，那就是無論人生所追求的目標為何，機會其實無處不在，卻往往只給準備好的人。本書不僅深耕這個法則，並舉出許多實際案例，讓閱聽大眾了解：所謂的「準備好」不僅是精進勵志文學中不斷提到的那些成功特質，體察並把握目標追求過程中那些看似無涉、隱晦但卻關鍵的機會，更有可能為自己的人生成就帶來不凡的「蝴蝶效應」。

很榮幸成為本書章節之一，雖人脈王之說殊不敢當，但對於人生能有眾多貴人扶持，並且有幸跨界媒合，則是心存感激。雖然與震宇相識於共同出版的

《樂活國民曆》之前，但真正感受到他對於時事脈動的機敏，則是在當時書籍編撰過程，從中教學相長許多，也是貴人之一。想起平日許多人常問及命運如何改變，此書不忒是最值得推薦的「開運商品」。

是為序。

REVIEW

推薦序　「不太乖」的神奇

——蘇仰志，雜學校創辦人

人類文明發展至今，我們都自恃擁有高度的知識認知體系與科學論證方法，集體迷戀這樣的「理性思維」，深信透過這樣的判斷基礎才能讓我們更可靠地做出合理的選擇與行動。然而這往往是一個致命的陷阱，一個箝制人們創造更多發展與可能的緊箍咒。

易經說，天下唯一不變的道理就是「變」，從萬物演化的角度來看，物種都是為了適應外在環境變化不斷進化。但追根究底，在所有的領域裡重大的改變轉折其實都是源自於「隨機」，那些沒有來由的「意外」與「巧合」，尤其在這個以倍數快速變化的時代與環境更是如此！每一個時代的成功創變者其實都是在那個時代的環境下，意外地開始了某些行動，因為這樣的開始引發了一連串未曾想過的機運。所以我常提倡無論是哪個領域（尤其是教育），我們都應該去創造可以發生更多意外與機會的環境，而且也要具備承受意外所帶來的常態——失敗。而勇敢地開始行動，才是真正有效創造意外的唯一路徑。因為，只有這樣的「機會效應」才會創造出一個新的改變可能與路徑。

當聽到這本書要出版時特別開心，因為作者巧妙地運用各個非典型的成功案例，觀察那些重要轉折的意外與偶然，為這個觀點梳理出一些可以參考的必然！洞察箇中的道理，我們就會發現必須用一種更開放的姿態去創造更多機會的可能，勇敢地「不太乖」，去做不一樣的嘗試，一定會引發意想不到的龐大效應，也才能為自己的人生增加更多的偶然與巧合，創造那個神奇且只屬於自己的「Serendipity」！

CONTENTS

PREFACE

前言　對偶然開一扇門，發現人生的隱藏版

可能任何人的人生中，都需要有大膽轉變的時期，如果那樣的機會點來臨，就必須迅速抓住那尾巴才行。牢牢地用力抓緊，絕不可以鬆手。世上分為能抓住那一點的人，和不能抓住那一點的人。

——村上春樹，《刺殺騎士團長》（騎士団長殺し）

有一天搭高鐵前往新竹出差，進車廂找尋座位時，背後突然傳來一句「震宇，好久不見。」回頭一看，原來是快十年不見的老同事，我立刻坐在他身旁聊了起來。

出國多年的他，剛回到熟悉的媒體業工作，問起我的近況。由於我的工作

性質充滿多元組合，同時進行幾個跨領域專案，也從事溝通表達的教學訓練，還有個人的寫作計畫，一時很難說清楚。

他拍拍我的肩膀，「同事們都說你現在很成功啊！」

「我很成功？」離開職場後，我與媒體業的同事們，幾乎沒有碰過面，怎麼會用「成功」來形容我？他們眼中的「成功」是什麼意思呢？擁有彈性自由的時間，只為自己認為值得的目標付出，又能養家活口？還是擁有外在光鮮亮麗的頭銜？

前者正是我追求的，後者則是我放棄的。

「一切都是意外，」我回答，「我曾以為這輩子就是做個優秀的財經記者，寫出精彩有影響力的報導，或是幾本財經人物傳記……沒想到離開職場之後，會有這麼多挑戰與轉折，讓我有機會做不同的事情，對社會帶來正面影響。」

例如出了幾本談節氣、風土與在地食材的書，設計菜單，規劃地方旅行、改善城鄉差距、擔任電視節目製作人、廣播主持人，甚至從事企業顧問，開設說故事課程。

「這些事情難道都不是你預先規劃好的目標？」他問。

我笑著說，原本規劃的目標，幾乎都沒達成。改變我人生的幾個轉折點，大概都是不熟悉的朋友，甚至不認識的人的意外邀請，讓我遇到不同挑戰，跳脫原本思維，進而全心投入，激發不同創意，解決一個又一個問題。過程中有痛苦、有失落，更有驚喜與成長，無形中累積更多專業，了解更多人的需求，從中看到一些趨勢與機會，才塑造出幾個讓我努力實踐的目標。

人生經常與我們作對

千迴百折之後，我體悟到一件事，人生經常跟我們作對，不會跟我預期的一樣，因此不要太執著，要學會多探索。

十年前，還在媒體工作的我，關注焦點都是每期雜誌的題材與進度，雖然關懷經濟、文化與社會議題，也僅止於言談論述，或是採訪相關領域專家，沒有太多具體行動。

說穿了，就是一位身處雲端，客觀、冷靜而優雅的知識分子。

十年後，關切的課題依然沒有改變，但我的關懷竟與工作結合為一，將商業、文化與社會連結在一起，更落實在實際行動，不斷修正反饋，將想法與做法研磨得更銳利精準，不時點燃各種創意，並進一步構思解決方案，以及執行面的工作流程與細節。

例如協助偏鄉老師改善教學能力，引導學生思考與表達；或是擔任政府諮詢委員與評審，讓資源更有效運用到偏鄉與返鄉青年身上；透過出書、演講與教育訓練，提升大學生與上班族思考、溝通與表達能力；而企業顧問的工作，則是為了讓品牌價值落實到對內整合與對外溝通，得藉由不斷地觀察與訪談，找出改善空間，才能提出可執行的創新方案。

先貼近現實，才能超越現實，我成了一位渾身沾滿泥土、熱情又冷靜的故事人。

《走自己的路，做有故事的人》這本書，就是這趟親身經歷的旅程，藉由爬梳整理自己的故事與體悟，轉化成實用參考的方法，希望能鼓勵各領域的工作者，勇於接受挑戰，踏出舒適圈，成為兼具冷靜與熱情的有故事的人。

許多讀者很好奇，為什麼會有勇氣離開舒適圈，接受各種未知的挑戰？老實說，一部分是我有意識地參與，更大一部分則是意料之外。如果知道事情這麼複雜、盤根錯節的問題這麼難，還得經常接受商業市場的無情挑戰，我也許就會遲疑卻步，不會這麼投入。

只是身在其中的人，往往不知自己引起的效應有多大？每前進一步，就帶來一些變化，等到全心投入，越做越深入，再回頭看時，才知道原來走了這麼遠，想法與視野也不知不覺改變了，許多意想不到的機會，也就慢慢湧現。

如果擔心失敗，一直待在岸上觀望，最後還是在觀望與空談，更不會有改變的機會。

你是聰明還是好運？臨門一腳的關鍵點

三四年前，我將關懷重心從城鄉發展與風土文化議題，移轉到工作者身上，因為理念再高再大，要徹底落實，就需要改變人的認知與行動。面對變化劇烈的大環境挑戰，我能貢獻的力量，在於溝通表達的說故事能力，以及挖掘與整合資源的創造力，因此我決定針對各專業領域的工作者開設小班制的說故事工作坊，希望能走出不一樣的路。

很幸運地連續好幾班都額滿，教學內容也頗獲好評，讓人耳目一新。我總覺得還有改善空間，例如內容講述時間太長，說故事的方法稍微抽象，學員實作演練時缺乏具體步驟，使得課後實際運用的效果有限。

我一直構思該如何改善，當報名狀況開始起起伏伏，內心出不免焦慮，卻找不到合適的方法，不禁懷疑自己是否還要經營下去。

有一天拜訪一位只見過一次面的朋友，故事工廠藝術總監黃致凱，我們兩人是一場演講的講者，彼此留下蠻深刻的印象。我請教他創辦劇團的過程，以及如何產生創意。聊著聊著，他提到過去曾幫他的老師、已故的戲劇大師李國修編著一本《李國修編導演教室》，自己很多想法都來自這本書的啟發。

為了教學，我的書櫃已有數十本談說故事、編劇與溝通的書，但對於李國修老師的角度，我還是很好奇，於是馬上買書研讀。這本書是從舞台劇角度談說故事，基本概念跟幾位大師差不多，但更具體細膩，符合台灣本土的情境。

我看到書上畫了一些表格，例如將發生的事件，角色當下的處境與目標，整理成一目了然的內容，有助於讀者理解……我當下冒出一個想法：為什麼不用表格讓學員說故事時有具體參照的步驟呢？

剎那間我興奮地顫抖起來，仔細思索表格要如何簡單明瞭地呈現。說故事最重要的是要讓劇情成為有轉折的三幕劇，每一幕要有外在引發的事件、主角內心想法，以及展開具體行動的情節。我拿筆在紙上隨意畫著，3×3，不就是九宮格嗎？先排好九宮格的順序，再將故事套入，一步一步推敲解析與修正，故事九宮格的架構就出來了。

故事九宮格是我在教學上重大突破的關鍵，這是一套精確的思考與表達流程，九格彼此環環相扣，藉由一個接一個的步驟，引導學員思考與討論，將原本紛亂的經驗，有系統地梳理、詮釋與剪輯成精彩生動的故事。

有了九宮格的輔助，我也重新調整課程內容，讓它更為緊湊活潑。經過實地測試，學員說故事的品質果然大幅提升，表達更有自信，有學員告訴我，她將九宮格貼在辨公桌旁，準備提案與簡報時，就用九宮格來思考，幫助她釐清重點，讓表達更聚焦。

課程有了改變，逐漸累積知名度與口碑，陸續有不同類型的企業邀請我開課，例如鋼鐵、醫療、軟體科技、保險、餐飲、超商、彩妝保養等等。因為都是不曾接觸過的行業，我需要深入了解他們的問題與需求，為每家企業遇到的問題量身訂做課程內容，也因此累積更多跨領域溝通的能力，並持續精進教學方法，也帶來更多教學與顧問的機會。

多元的教學經驗讓我更了解自己的使命，當初投入說故事教學，只是隱約看到市場需求，但並不清楚誰真正需要學習說故事，說故事能帶來什麼價值？一直到帶領醫療人員說故事，提升他們對病人的理解深度與溝通能力，以及團隊之間的交流整合；我才發現，自己的任務是讓不同的人、部門與專業互相理解，建立同理心與信任感，達到更有效的溝通。

故事九宮格怎麼產生的？真的是意外！如果那天沒去找黃致凱，他沒提到李國修老師的書，我沒有好奇心，花時間進一步研究，就不會產生聯想，課程就無法突破，學習效果有限，就會影響招生狀況。

我到底是運氣好，還是靠自己的能力與努力？

從結果來說，我大可宣稱是過人的聰明與努力，才擁有獨特的說故事教學能力，但回到源頭與本質，故事九宮格的意外出現，才是比努力更重要的機會關鍵點，否則空有一身才學，缺了臨門一腳，還是無法得分。

但是，我為什麼要特別強調運氣呢？

《歡迎光臨，天才城市》（*The Geography of Genius*）這本書中，作者採訪了矽谷一位很有成就的創投家，這個人的特質就是會長期聚焦在一個問題上，同時又有許多業餘興趣，分散他的注意力，卻幫助他不斷產生好點子，遇到許多投資好機會。作者問他，「你是聰明還是好運？」他不假思索地回答，「這兩件事他媽的有什麼不同？」

我們容易自我感覺良好，總認為自己的成功是因為自己努力，別人成功卻是因為運氣好；別人失敗是因為不夠努力，自己失敗則是運氣不好。心理學稱這個盲點為「基本歸因謬誤」，當人們成功時，容易高估個人因素，都歸功於自己的聰明才智與策略，而非外在脈絡的有利因素。

成功的因素很複雜，涉及天時地利人和，還有無法控制的外在大環境；如果過度高估自己，缺乏客觀的自我覺察，就容易失去謙虛、包容與開放的心胸，限制了各種可能性，成功就真的只會是一時好運，下次就會打回原形了。

以故事九宮格為例，我後來開設洞察提問力、創新提案工作坊等課程時，都會思考如何運用九宮格的方式，讓學員在思考、討論與表達上，有更具體的實作方向。我把意外好運轉換成為創新能力，不斷複製擴大，變成獨特專業。

憤青小行動，意外大改變

故事九宮格是一個縮影。這十多年來，原本期待走上的大路都不如預期，反而是意外的機會引導我走上人跡稀少的歧路，最後竟成為豐富多彩的花園，使我開始好奇，看似無從捉摸、有點神秘的機會，到底從何而來？可以被發現、掌握嗎？還是只能被動等待？

我更好奇，其他同樣走自己的路、有故事的人，到底發生什麼事，讓他們變成現在這個樣子？他們的成功都是這麼順利、理所當然嗎？抑或是在哪裡轉彎？當時遇到什麼狀況與機會？面對抉擇時，他們的內心在想什麼？

先將時空背景拉到五百年前。一五一七年，三十三歲的德國神父馬丁・路德（Martin Luther）因為不滿教會出售贖罪券，將銷售所得用在軍事與修建大教堂，他認為這是一種詐欺行為，決定用拉丁文寫下九十五條論綱〈就贖罪券之法力及效力之辯論〉，貼在教堂大門上，希望公開辯論這個問題。

然而這個尋常舉動，竟掀起不尋常的效應。由於古騰堡（Johannes Gutenberg）在一四四〇年左右發明活字印刷術，讓思想與理念可以迅速被傳遞，不再侷限在教會與貴族的小圈子裡，這九十五條論綱就有如今天的臉書貼文或Twitter的轉貼效應，不斷被印製流傳，在德語區各地引發熱烈討論。

教皇氣急敗壞地宣布路德是異端，要逐出教會，並派人四處搜捕，老百姓卻支持他。他在躲藏期間，還將原本以拉丁文寫成的《新約》翻譯成德文，讓平民大眾可以直接閱讀，不用透過神父翻譯與詮釋。

路德不是第一個反對教會、反對贖罪券的神父，但過去異議者都是用抄錄手稿的方式宣傳理念，傳播效果有限，最後都以失敗收場。路德很幸運，因為印刷機相助，讓他成為當時的網紅，能迅速傳遞思想，引發討論與追隨；加上長期被壓抑的情緒、對貪腐的反感，以及各種勢力集結與推波助瀾，帶來了宗教改革，促成基督教興起，更讓歐洲政治、社會與文化產生長遠改變。

當這位憤怒青年將九十五條論綱貼在教堂大門時，一定不知道這看似微小的舉動，竟然會改變自己的命運，甚至改變世界，而這難道不是好運帶來的機會嗎？

無獨有偶，五百年後，二〇一〇年十二月二十七日，突尼西亞平凡的上午十點，一位二十六歲的小販跟市政巡察員發生爭執，因為沒有攤販執照，推車與磅秤都要被沒收，除非他乖乖繳罰款。雙方拉扯起來，小販被打了一巴掌，這位貧困的年輕人氣不過，竟站在十字路口淋汽油自焚，沒想到引發眾人示威抗議，警方開火鎮壓的影片在網路上大量流傳，引發更大的抗爭，不到一個月的時間，獨裁者倉皇下台。

怒火迅速蔓延，埃及、利比亞的獨裁者跟著倒台，阿爾及利亞、約旦、敘利亞與葉門也都出現改革風潮，這是知名的「阿拉伯之春」。

二〇一四年的太陽花學運，因為國民黨用三十秒宣布完成「海峽兩岸服務貿易協議」的委員會審查，引發學生與社會人士的反對，學生意外突破警方封鎖占領立法院，透過網路即時宣傳，帶動更多支持，引起更多的改變浪潮。

這是偶然與必然交會帶來的機會效應。這些變革有如板塊互相撞擊，打開改變的縫隙，讓更多人的命運被捲入與改變，就像是大金字塔的崩解，被拆成許許多多小型的倒金字塔，有不少人失勢，但有更多人掌握機會而躍起。

同樣的機會效應，也發生在數位科技大爆發的二〇〇七年。蘋果推出iPhone、Google推出Android系統、亞馬遜推出電子閱讀器Kindle，Twitter、Airbnb相繼成立。這些企業共同終結了傳統的工業經濟時代，宣告數位經濟時代的來臨，連帶影響了阿拉伯之春與太陽花學運。

我們可以事後諸葛分析這些變革發生的原因，但何時發生，從哪裡發生，卻無人能預言。機會效應就跟宗教改革一樣，往往來自一個無心、微小的舉動，卻意外帶動巨大且無法預測的改變。

如果大事件的發生都是這麼意外偶然，我們的人生小事件難道不也是如此？許多機會轉折、關鍵命運的改變，就潛伏在我們不經意的相遇、想法與行動中。

我們需要打開偶然之門，才能創造機會效應，前提是我們先得挑戰自己的慣性。

相對於不確定的偶然，我們更偏愛確定的努力，喜歡規劃好的人生劇本，也因此台灣社會才會不斷努力「拼」經濟，就連教育、在職訓練與流行的職場書籍，也都在追求表象的努力——過去流行執行力，最近重視恆毅力，一萬個小時的練習——再加上熱情與天賦，彷彿就是成功的保證。

但這不過是反應出我們對成功的認知太狹隘了。如果是可預期的規則，或許就有可預期的成功，就像運動選手與棋手，只要苦練，擁有熱情與意志力，就有機會突出卓越；然而命運總會偷偷修改劇本，帶來意料之外的改變，因為真實的人生與事業根本沒有明確的規則，尤其現在全世界的市場規則不斷被推翻改寫，更難以預測。

這個過程中，許多人成為隨波逐流的被動演員，也有人看到轉折點，自導自演，大放異彩。演員與導演兩者的差別，就在於洞察力與創造力，能否發現命運之神在哪裡動了手腳，找到隱藏的意義與連結可能性，才有機會改寫劇本，重新主宰人生。

電影《白日夢冒險王》（*The Secret Life of Walter Mitty*）最動人的一幕，就是攝影師看到等待已久的雪豹，並不按下快門，而是透過鏡頭屏息凝視這頭美麗神秘的動物，因為「美麗的事物不想引人注意」。

能洞察到美麗的事物，就是創新的開始。創新的前提就是擁抱不確定，充滿好奇心，願意探索與發現，最後洞察出隱藏版的機會，大膽押注，投入時間、資源與專業，創造真正的改變。

不勵志的另類成功學

我決定寫一本另類的成功書，不是一般商業書籍的勵志成功學，甚至挑戰常見的某些論點，卓越企業或其領導者的成功真的都是靠實力？還是時勢所趨，甚至是一時的好運呢？

相對於這類成功書的普遍論述，與大家熟知的企業個案或成功人士，我選擇採訪對象的標準，在於不同專業領域的佼佼者。對於他們現階段的成功，我看重的不是事業規模，而是他們充滿熱情、理想與誠懇的態度，以及對社會帶來的正面影響與改變。

我採取有血有肉的敘事方式，透過深度訪談與長時間觀察，彷彿鑽入他們的血管裡，一同呼吸與脈動，了解這些人物的日常生活中，何時出現戲劇化的轉折，帶動獨特的機會效應？

除了從個人故事出發，我試圖拉高格局，不是只寫一個個偶然的成功故事，而是從中找出可以學習的「必然」能力，甚至是全新的能力與論述。藉由蒐集管理學、社會學與心理學的研究資料，釐清機會在成功過程中扮演的角色，並試著發掘在這個不確定的年代，我們要如何掌握機會，甚至製造機會？

有一次我在「洞察提問力」工作坊課堂上，遇到一位快退休的大學教授芳芳。我問她來上課的原因，她竟然說，「我很好奇，你的工作為什麼這麼亂？」

芳芳解釋，她一輩子只做過老師這個工作，讀完我的《走自己的路，做有故事的人》之後，無法理解我的工作為什麼會這麼混亂有意思，決定親自來了解。

芳芳認為，未來的工作不可能從一而終，她的學生以後一定會經常更換並經歷許多不同的行業與工作，如果老師不能學習更多元的專業，怎麼能幫助學生釐清人生方向？

上完一整天的提問力課程之後，我問芳芳學到什麼？

「生命是不能準備的。」她回答。

「那什麼是可以準備的？」我接著追問。

「只有勇氣可以準備。」她說。

所謂勇氣就是願意接受不確定的挑戰。我們要對偶然開一扇門，不要把一切都規劃好，失去隨機應變的能力，人生才有隱藏版的樂趣。就像玩大富翁遊戲，面對機會與命運的挑戰，我們怎麼知道自己選擇是對的？我也經常面對這個問題，唯一知道的，就是每個人都會做出錯誤的選擇，但重要的是下一步，你要從失敗中學經驗，調整方向，還是回家睡覺？

搭乘這班成功號雲霄飛車奔赴未來之路時，必定有許多轉彎，你要緊閉雙眼一路衝到底，還是睜大眼睛、放開雙手，享受刺激的樂趣，一路發現隱藏版的美麗事物？

喔，請繫好安全帶，本書提到六種創造機會效應的能力，就是你的安全帶。

CHAPTER

1

成功，不能說的秘密

一個作家必須勇於冒險，挑戰自己的機運，有一點執迷，有一點瘋狂。
——羅柏．寇米耶（Robert Cormier），《褪形者的告白》（*Fade*）

拔一條河，電影沒告訴你的事

每個老師一輩子夢寐以求的，也許就是得到師鐸獎的肯定；每個學校體育教練的最大心願，則是帶領學生拿到全國比賽冠軍，獲得「全國優秀教練獎」的殊榮。

過去，這兩個獎項得主幾乎沒有重疊過，體育歸體育，教育歸教育，師鐸獎很少頒給體育老師，一般老師更不可能當選全國優秀教練。

但是曾在高雄甲仙國小擔任數學教師的張永豪，不僅率領甲仙國小拔河隊得到全國冠軍，拿到全國優秀教練獎，幾年後更獲得師鐸獎，這種雙重榮耀幾乎絕無僅有。

更困難的是，身材矮胖的張永豪，形容自己有體育障礙，從小就胖胖的，沒有運動細胞，跑步遲緩，經常被同學嘲笑，讓他更加沒自信。此外，他身處在不知名的偏鄉小校，沒有拔河傳統，如何拿到全國冠軍？

他是怎麼做到的？老家在台南永康的張永豪，父親也是老師，他記得父親得到師鐸獎時，念高一的他坐在台下，當時就暗自期許，希望有朝一日也能像父親一樣，成為老師，獲得師鐸獎的肯定。

高中時，他喜歡看職棒比賽，開始喜歡棒球運動，大學加入棒球隊，一百二十公斤的他，鎮守一壘，主要就是接球，守備時移動範圍有限，加上力氣大，很快就成為球隊主將。後來考上師範院校研究所，有機會成為老師，一圓夢想。

因為喜歡棒球，張永豪萌生當棒球教練的想法，等到師範學校畢業，需要選實習學校時，他刻意選擇有棒球隊的學校，一展抱負，成為棒球隊教練。

他到高雄楠梓區的楠陽國小實習，這個學校是運動名校，有棒球、桌球與拔河隊，還曾拿過全國冠軍。擔任實習老師時，他協助教練帶棒球隊，偶然接觸到拔河，覺得拔河技巧很細膩，而且過程容易振奮人心，讓人熱血沸騰，充滿樂趣。

等到成為正式老師之後，決定要在服務的學校成立拔河隊。因為打棒球經費很高，他只是菜鳥老師，要帶動學校成立棒球隊難度很高；但拔河只需要一根繩子，成本很低，比較容易組隊。

他其實也只懂拔河技巧的皮毛，但是憑著一股熱情，在台北服務過的四個國小，都陸續成立拔河隊，實現當運動教練的夢想。

不過因為想返鄉就近照顧年邁的父母，他決定請調回南部任教，到高雄燕巢橫山國小擔任訓導組長。由於學校沒有拔河隊，他也只是導師，不是體育負責人，無法主導體育活動，只能帶班上學生玩玩拔河，沒有正式練習，組織拔河隊的想法，也就深藏心裡。

雖然回到南部，張永豪還是有個困擾，每天從台南永康開車到高雄燕巢，要經過高速公路岡山收費站，每天來回要付八十元過路費，一年要付兩萬多元，對於節儉的張永豪來說，是一筆不小的開銷。

他想調到一個不用支付過路費的學校，即使遠一點也沒關係，於是他鎖定高雄內門的觀亭與西門兩個國小——都是最適合也容易轉調的學校。

他提出轉調申請，填下這兩個志願，因為胸有成竹，剩下三十個志願選項都隨便填，一直到教育局網站公布放榜名單時，才發現竟然被分發到甲仙國小。這是他填寫的最後一個志願，一個沒去過也不了解的地方，甚至交通太遠得住宿舍，無法在家照顧父母。

木已成舟，原本打的如意算盤都落空，張永豪懷著失落的心情來到甲仙國小，校長卻充滿疑惑：這位新任老師是從熱門的燕巢橫山國小轉調到這個偏遠學校，動機奇特，會不會是有教學問題的不適任教師？張永豪也不敢說出是為了節省過路費，誤打誤撞來到甲仙。有段時間，校長、老師都帶著異樣眼光打量他，他悶極了。

隔年，高雄發生嚴重的八八風災，甲仙成為重災區，小林村被土石流淹沒，許多人流離失所，面對滿目瘡痍的家園，不少人離開傷心地，讓留守家園的人感到失落、前途茫茫。

他發現，孩子們面對重大災變衝擊，不僅失去歡笑與自信，也不知道未來何去何從，他內心頗為焦慮，不知該如何是好。

意外的幸運降臨，帶來改變契機

風災後一年（二〇一一年），當時縣市合併後的高雄市舉辦運動會，讓原本屬於高雄縣，沒有參加過運動會的偏鄉學校也有機會一展身手。新任的甲仙國小校長很支持體育活動，決定組隊參加。身為訓導組長的張永豪也兼管體育事務，負責統籌訓練，由於學校人少，組隊不易，決定以籃球、桌球、田徑與拔河為主，開始積極練習，希望能奪得好成績，讓孩子們重建信心。

沒想到第一場籃球賽就遭受挫折。因為甲仙國小籃球場是採用成人高度的籃框，但是市運會比賽現場，竟採用略低矮的兒童籃框，球員無法適應，因力量過大，無法得分，最後被淘汰出局。

隔週上場的桌球隊也因成績不佳，無法晉級；緊接著的田徑比賽同樣沒有好成績，連戰皆敗，讓孩子跟老師屢受挫折。

最後上場的是拔河，由於這群孩子之前都在練習籃球與桌球，拔河練習時間很有限，也沒有拔河鞋（幫助增加抓地力），只能跟別的學校借舊鞋來支應，沒想到竟意外過關斬將，最後贏得冠軍。

這個意外驚喜讓張永豪跟校長很興奮，決定繼續參加其他比賽，雖然取得全國賽資格，但訓練、經費與設備都不足，在全國賽很快就出局，隨後這群學生也畢業了。

但張永豪卻看到希望，決定投入時間來訓練第二代隊員。因為場地設備不足，得想辦法解決，學校四處募款找經費，並沒有得到太多支持。他突發奇想，PU材質的拔河道要數十萬，床板一片不到六百元，鋪在一起，也能讓隊員練習時止滑，不會受傷，便決定用這種克難方式來進行訓練。

另外，他也帶學生到市區有拔河設備的學校練習，這些學校的教練都大方協助他們培養基本動作，並經常互相比賽交流。

隔年三月的全國賽，甲仙國小終於獲得第三名，但這些好消息沒有得到太多迴響，因為鄉親不太熱衷，只有幾位家長持續支持，到比賽現場加油打氣。其他隊伍都是家長比隊員多，甲仙則是隊員比家長多，情景非常冷清。

拔河隊整整拼了一年，沒得到冠軍，他深感遺憾，只能躲在學生沒注意的角落暗自流淚。他心想，以後不要再練拔河了，這次就當成最後的回憶吧。

這時，意外的幸運降臨。知名紀錄片導演楊力州受統一超商委託，要拍攝超商店長支持國小閱讀的計畫，由於只要拍攝一位店長故事，業主提供了名單讓他挑選。長長的名單很難抉擇，但他注意到甲仙店的店長，因為這是八八風災的災區，風災後他曾路過高雄，一直想為這個地方做點事，便決定拍攝甲仙店的故事。

但是甲仙路途遙遠、交通不便，楊力州的製片（他太太朱詩倩）比較希望選近一點的地方，例如台北就有很多優秀店長，早點完成廣告拍攝任務，但他很想深入了解災區，堅決選擇甲仙。

甲仙幾位關注地方發展的社區工作者，知道這位知名導演要來甲仙，決定把握對外宣傳的機會，提供各種豐富的拍攝素材，包括社區文化、物產，甚至還有拔河隊的故事，希望能引起楊力州的注意。

由於超商店長故事很單純，楊力州聽到拔河隊拿到全國第三名的消息，眼睛一亮，立刻找攝影師到甲仙國小拍攝練習拔河的畫面，也對張永豪做些訪談。

接著拔河隊參加另一項全國性比賽，楊力州也帶團隊前往拍攝，這次奪得亞軍，他就將原本拍攝的內容重新調整，加入大量的拔河隊故事，得到統一超商的支持，片名取為《拔一條河》，放在網路上讓網友觀看。

在楊力州的詮釋下，這部三十分鐘的紀錄片因為感人勵志瞬間爆紅，媒體大篇幅報導，張永豪與甲仙國小拔河隊也成為全國知名人物。

成名之後資源就跟著來了。陸續有經費買拔河道、拔河機與拔河鞋；許多學生主動要求加入拔河隊；更多家長願意支持。因為受到肯定，統一超商也願意再出經費，與楊力州合資繼續拍攝《拔一條河》，將半小時的內容擴充為一小時半，同時要上院線，讓更多人看到這個故事。

楊力州繼續跟拍拔河隊，雖然這些甲仙小將經過種種挑戰，還是沒有拿到全國冠軍，不過他在過程中拍到了拿到高雄市冠軍的畫面。二〇一三年九月《拔一條河》上映之後，獲得各界好評，還入圍金馬獎最佳紀錄片，雖然最後輸給齊柏林導演的《看見台灣》，但楊力州一直認為，這部紀錄片是他人生最重要的一部片。

《拔一條河》逆轉勝的故事太動人，被許多媒體形容是「一條繩子，拔起一個鄉」，除了甲仙國小拔河隊、張永豪還有紀錄片中許多為在地努力奉獻的人物，都成為全國性知名人物。

《拔一條河》之後隔年（二〇一四年），第四代拔河小將在十一個參賽隊伍中，比了八場，終於第一次拿到全國冠軍，實現張永豪的夢想，也讓他獲得全國優秀教練獎。

二〇一六年，因為張永豪的執著努力，帶領甲仙國小拔河隊拿到多項冠軍，讓他被剛上任不到一年的校長提名參加師鐸獎，最後也得項這個殊榮。頒獎那天，他特地帶父親到陽明山中山樓參加頒獎典禮，時光似乎倒流，這次是兒子上台領獎，父親在台下觀禮，角色易位，父子二人充滿了傳承的成就感。

陰錯陽差的幸運

張永豪的成功，除了個人努力，更有天時地利人和的巧合。

他原本想調往高雄內門，殊不知竟來到甲仙，剛好縣市合併舉辦運動會，校長願意支持出隊比賽，讓拔河隊意外得冠軍，接著楊力州選擇甲仙為拍攝地點，聽到拔河隊的故事，決定將拍攝主題大轉向，變成以拔河為主，超商店長只是小配角，讓甲仙與拔河隊被台灣看到。

此外，還有一個大家沒注意到的關鍵，拔河比賽有分大校與小校兩級比賽（小校標準是全校十八個班級以下），小校只跟小校比賽，用意是避免實力過於懸殊，失去公平競爭的意義。

甲仙國小屬於小校，高年級全班湊起來才能勉強組隊，由於小校參賽的拔河隊伍不多，在人力、訓練與資源上比不上大校，甲仙國小前幾次能贏得好成績，也在於對手不太會拔河，彼此都是比賽經驗不足，甚至還不太了解拔河規則，甲仙國小也是藉由比賽來累積經驗。

如果甲仙國小比賽遇到人數眾多的大學校，人力與資源不足，很難有好成績，也就無法有逆轉勝激勵人心的故事。

因為故事感人，楊力州才會注意到，繼而透過他的鏡頭來詮釋這個故事，甚至還被媒體膨脹、用聳動的「拔河拉起全鄉信心」標題，刻意營造為全鄉的希望。實際上深入了解，甲仙有許多長輩及在地居民忙於日常生活，根本不太了解這個故事，甚至不知道有拔河隊。

如果說拔河隊拉起全鄉信心，未免過度誇張與沈重，但如果不這麼說，又很難吸引觀眾與讀者注意。

回到導演的初衷，他想藉由紀錄片的詮釋，放大拔河精神帶來的意義，引起大家的關注，為台灣各地的偏鄉加油打氣。

紀錄片鏡頭沒說的，甚至媒體報導的勵志故事，都是將成功歸結到教練的努力與堅持，地方人士的團結奮鬥。如果不是我跟張永豪教練與在地朋友長期培養的信任感，透過深度訪談，才知道這些都是機緣巧合，是各種無法預料的人事物互相「撞」出來的。一切意外元素環環相扣，才成就了張永豪，成為全國優秀教練與師鐸獎得主。

他努力嗎？很努力！積極為理想奮鬥，為了訓練，四處募款、借鞋子、移地訓練，甚至激勵孩子練習，請他們喝運動飲料，為了節省費用，即使一箱運動飲料便宜五十元，他也會大老遠開車去大賣場買下十箱（但油錢都超過這些省下來的費用）。

他幸運嗎？非常幸運！許多原本的計畫都陰錯陽差，從棒球到拔河，從燕巢到甲仙，都不在他的預期內，但是在天時地利人和之下，卻得到幾乎不可能的榮譽。

楊力州告訴我，當他在比賽現場拍攝時，看到甲仙小將一路過關斬將，眼看就要拿冠軍了，他以導演的嗅覺告訴自己，「糟了，這麼順利就沒戲唱了。」

後來戲劇化地輸了，沒能拿到冠軍，鏡頭上孩子都哭紅了眼。還好隔年小將們再接再厲，終於勇奪冠軍，一波三折的故事才能以延續，帶來更緊張刺激的真實情節。

「相較於其他知名的學校經常得到全國冠軍，為什麼人家不拍、沒有注意，因為他們條件太好了，太理所當然了。」張永豪指出他與甲仙國小拔河隊受到媒體注意的關鍵。

因為這個故事太意外、太感人，得之不易更讓人珍惜。包括我當年也是因為楊力州的半小時紀錄片，以及他告訴我一年後要上院線片，我才找到一個協助地方的機會，積極參與規劃甲仙小旅行的任務，也讓張永豪擔任小旅行拔河體驗的教練，讓更多人與他交流，體驗訓練的艱辛。

「來到甲仙真的是偶然，人生這一路走來，好像就是為了這幾年而鋪路。」張永豪說從未想到自己會成為電影主角，四處演講、帶旅人練習拔河、受媒體包圍採訪，甚至還得到小時候許願的師鐸獎。

偶然與巧合——成功的潛規則

張永豪很謙虛，也很努力，但如果不是偶然來到甲仙，就無法成就他的精彩人生。

他口中的偶然，英文是「serendipity」，意思就是偶然、偶遇或機緣巧合，這個字一直被認為是神奇、難以翻譯解釋的字。

古代阿拉伯世界稱斯里蘭卡為「serendipity」，因為傳說中，斯里蘭卡有三位王子一起遊歷世界尋找寶藏，但是他們沒有找到寶藏，旅程中卻有不少意外發現，找到許多觀察世界的智慧，這趟冒險旅程也被寫成一本傳奇故事《The Three Princes of Serendipity》。

到了十八世紀中葉，一位英國作家渥波爾（Horace Walpole）與朋友通信時，提到三位王子的歷險故事，認為他們在無意間，透過聰慧，發現許多並非出自本意，因而找到的事物，為了形容與說明這種特質，渥波爾創造出這個新單字「serendipity」，亦即巧遇、邂逅、意外發現的好運。

自古以來，這種意外發現就持續不斷上演，我們熟知的阿基米德浮力原理、牛頓萬有引力定律、佛萊明發現的第一個抗生素，甚至是賈伯斯（Steve Jobs）參觀全錄公司（Xerox）的帕洛奧圖研究中心（Palo Alto Research Center），看到一種電腦設計採用圖形介面和滑鼠，觸發他將這種功能做得更簡單、更符合直覺操作；最後全錄依然是印表機與影印機公司，蘋果則是世界最創新的公司。

社會學家莫頓（Robert Merton）與芭博（Elinor Barber）曾合著《The Travels and Adventures of Serendipity》，用整本書探討「serendipity」這個字的社會與科學意義。莫頓認為，人類在寫歷史時，都把科學發現歸結為偉大天才的成就，意外的發現也成了必然結果，他不以為然，決定深入探究機緣巧合背後的知識基礎。兩位學者認為，這是一種意外發現、領悟與收穫的才能，又稱為意外的智慧。

意外智慧怎麼來？靠好運嗎？還是靠聰明才智？

法國微生物學家路易．巴斯德（Louis Pasteur）有一句名言：「機會青睞有準備的心靈。」

這句話看似勵志，但是只講了一半，甚至等於沒講，因為有更多準備好的人，為什麼還是沒有機會？或是什麼時候才叫做準備好？我們怎麼知道機會何時降臨？

以張永豪的故事為例，對於拔河技術與訓練，他並沒有準備好，反而是以戰養戰，透過比賽來吸收經驗，更沒有立志要到甲仙教書，申請轉調的原因，竟然是不想每天多付八十元的過路費。

機會到臨之前，他沒有太多準備，直到拔河隊意外拿到高雄市運會冠軍，他才發現這是改變的機會。只是甲仙在地、高雄市政府並不太重視，設備與資源依然不足，直到楊力州想拍攝拔河隊，大幅改變現狀的機會才降臨。

如果楊力州沒有選擇甲仙，拔河故事不可能成立；如果楊力州只是匆匆拍完超商店長的故事，沒有跟地方朋友交流，就不知道這個故事；如果不是因為八八風災，楊力州就不會來，藉由風災的悲情處境與甲仙拔河隊相連結，詮釋一個感動人心的故事……太多如果，都是多元交錯的凌亂變數，又缺一不可。

張永豪的故事，其實是我們每個人的真實縮影。我們的人生，甚至是企業經營，不也是如此，想要的要不到，很多事情都不在預料之內，有些人為此深感挫折，有些人卻視為意外驚喜，開啟有趣豐富的歷程。

這是人生的矛盾與拔河，我們每個人都希望能控制自己的命運，有策略、有步驟，成功地朝事先規劃的方向前進。但仔細想想，大部分的人生與事業，往往受到隨機因素的捉弄與影響，只是我們寧願相信因果，要為每件事找到合理解釋，排斥隨機的影響。

物理學家曼羅迪諾（Leonard Mlodinow）在《隨機法則》（*The Drunkard's Walk*，英文書名直譯是醉漢走路）指出，現實世界發生的許多事，相當程度上受到隨機因素的影響，充滿各種出乎意料的事件，就像數學名詞「醉漢走路」；而人生也像分子在空間中彼此不停碰撞，隨著隨機運動所走出來的軌跡。

曼羅迪諾強調，我們人類大腦的直覺，天生就喜歡為每件事物找出因果關係，很難接受不相干的隨機因素造成的影響，但許多隱藏在表象底下的事物，其實是受隨機的影響，而不是我們習以為常的因果定律。

「生命的輪廓像燭火，隨著各式各樣的隨機事件向新的方向伸展，再加上我們做出的反應，就決定了每個人的命運，因此生命難以預料，也難以詮釋。」他強調。

成功幾乎無規則可循。我們看到的規則，往往都是事後諸葛，歸納整理出來的法則，但事情發生當下，我們身在其中，幾乎無法按照成功法則，一個口令一個動作，往往都是摸著石頭過河，像燭火般隨風擺動。

這不是悲觀，也非虛無，而是正視隨機偶然帶來的效應。努力爭取隨機偶然的機會，不要陷入直覺的因果關係，有時候沒道理才是有道理。只是當偶然機會發生時，要保持開放的態度，思考如何捕捉掌握，借力使力，發揮更大的力量，才是人生有趣的地方。

如果張永豪沒有隨遇而安與隨機應變，積極掌握縣市合併運動會的機會，發現甲仙國小具有拔河的潛力，接著想方設法解決設備不足，爭取移地訓練的機會，就不會有後續發展的可能。

然而，他做的各種努力，如果沒有在地人提供資訊情報讓楊力州知道，楊力州也無法找到拍攝的切入點，繼而創造更大的後續效應。這一波一波的力量，不就像燭火般隨著各種力量擺動，最後匯聚延伸出更大的力量，也才能改變更多人的命運。

我也捲入這場因拔河產生的漩渦。當年楊力州首次進駐甲仙時，我也因為偶然機會來到甲仙演講，鄉親提起能否幫他們規劃在地深度旅行時，我原本認為沒有太多機會，一直到楊力州無意間聽在地朋友說，要去旗山參加我開設的旅行設計工作坊，正好他要返回台北從甲仙離開，才順路來找我商談。

我們並不認識，只是臉書的朋友，但一見如故，只交談十五分鐘，他便告訴我《拔一條河》即將在一年後上院線片，瞬間點醒我，可以藉由這部電影引發的話題，來推動甲仙的旅行。

我看到一個機會。當楊力州隨著拍攝工作結束，離開甲仙之後，我反而花更多時間進行深度田野調查，與地方朋友合作改善社區組織運作狀況，整合內部各種資源，成功規劃多場旅行，對外連結更多資源，嘗試解決偏鄉的問題。

社會學家鄧肯．華茲（Duncan Watts）在《為什麼常識不可靠？》（*Everything Is Obvious*）指出，很多人可能會用努力或必然來解釋自己偶然的成功，然而這可能只是一種「後見之明偏誤」(Hindsight bias)，因為現實中的每件事，都是各種小事交織累積而成，只要當中有一點變化，就會有不同的結果

如果每個人都理性計算利益得失，我們根本不會來到這個失落小鎮，也不會在那個時刻，莫名地串連起來，甲仙也就不會有拔河的精彩故事。

拔河的繩子牽引眾多力量，但源頭與過程，都是受偶然的意外影響。

心理學家米哈里．奇克森特米海伊（Mihaly Csikszentmihalyi）在《創造力》（*Creativiy*）這本書訪談數百位創意人士，詢問他們成功的原因，最常得到

的答案都是「運氣好」，他歸結就是天時地利人和。

機運（chance）這個英文字來自古法語，從拉丁文cadere演變而來，原意是「墜落」，是地心引力自然運作的結果；時機成熟了，自然就會墜落，代表機會是自然墜落到我們身邊。

成功經常是偶然的結果，但是成功的人往往會一直成功，幸運的人經常很幸運，他們一定有特別幸運的能力，或是掌握機會的能力跟態度，才會讓機會墜落到他們身邊。

張永豪就是得到這個難以想像的機會。

如何讓好運自然墜落到我們身旁？這是本書要探討的主題。

對我來說，serendipity代表樂觀、微小、自由、開放、多元、冒險、想像與好奇的心態；有點幽默喜感與隨機應變的彈性；而非巨大、控制、計畫、因果線性與慣性僵化的思維。

首先得改變既有認知，面對無可預料的世界與未來，不是握緊拳頭，反而是打開心胸，鬆綁自己原本的認知，找尋理所不當然的機會。

時代的影響，先有浪才能衝浪

台積電董事長張忠謀最有名的故事，是麻省理工學院機械博士班兩次都沒考上，成為人生最大的打擊，讓他決定到業界工作，才能養家活口。當時接到四家公司的聘函，其中最知名的是福特汽車，而他三叔偶然提起的西凡尼亞（Sylvania）公司，是他不熟悉的半導體業，因為有好幾位華人在這家公司任職，便建議他去試試看，但他興趣不大，唯一吸引他的是薪水。

不過福特開給張忠謀的薪水竟然比西凡尼亞少一元，他打電話跟福特人資主管溝通，希望提高薪水，沒想到對方姿態很高，不願意提高。當時他年輕氣盛，有點惱羞成怒，但這也讓他仔細思考，雖然他對福特汽車產業有把握，但要不要冒個險去西凡尼亞做沒把握的事？福特規模大，職業有保障，但半導體業發展可能很快，也許會有很多成長機會。

這個念頭一轉，竟然改變他的一生，甚至改變了世界。原本他將博士班落榜視為人生最大打擊，但經過許多年之後，反而成為一生最大的幸運。

張忠謀的幸運怎麼來？當時主宰二戰後經濟起飛的汽車產業，已經快達到巔峰，呈現由盛轉衰的趨勢，反而是電腦科技業正蓄勢待發，主導運算核心的半導體，也乘上這股浪潮，張忠謀搭上這班列車，從無到有、深入了解這個新興產業，接著受邀來台擔任工研院院長，繼而創辦台積電，開創晶圓代工模式，改寫世界半導體業的競爭規則。

當時的張忠謀，可能不知道半導體會成為重要產業，只是接連兩次打擊，一次是博士班落榜、一次是福特汽車不願調薪，讓他有不同考慮，只差一美元，人生就大不同。

後來張忠謀擔任德州儀器副總裁，主管全球半導體業務，有位福特高階主管退休後來德州儀器當董事，他陪這位新董事參觀，相處好幾天。有一天吃飯時，他提起這段福特往事，新董事很激動地把雙手放他肩上，「你真幸運，如果那時去福特，恐怕現在還爛在福特的研發部門裡。」

張忠謀的幸運，來自時代的影響，有風起雲湧的巨浪，才能帶起同時代人的命運。

葛拉威爾（Malcolm Gladwell）在《異數》（*Outliers*）引用《富比世》（*Forbes*）雜誌的資料，列出人類有史以來最富有的七十五人。其中有十四位美國人出生年分集中在一八三一至一八四〇年，包括洛克斐勒、卡內基與摩根。因為當時是美國經濟轉型最劇烈的時期，鐵路剛修築完成，工業蓬勃發展，華爾街也開始興起，這十四位美國大亨可謂「生逢其時」。

葛拉威爾指出，如果出生在一八四〇年末期，或是一八二〇年代，時機都不對，這十四位巨富雖然擁有眼光與才能，但還是因為時代的關係，才能得到機會之神的眷顧。

如果檢視美國矽谷電腦科技創業家的年齡，也有這種巧合。比爾蓋茲、賈伯斯、谷歌前執行長施密特等科技大亨，出生年都集中在一九五三至一九五五年之間。一九七三年是個人桌上型電腦誕生的年代，當時這些人都是尚未就業的大學生，把握這個新趨勢，努力鑽研，累積很多經驗與創新想法。如果是已經在企業工作的人，很難有時間與精力研究個人電腦這個新科技，更不可能為此冒險創業。

「他們的成功不完全是自己打造出來的，也是他們生長的時代造就的。」葛拉威爾在《異數》強調。

把鏡頭拉近一點，來到數位科技時代大爆炸的二〇〇七年。湯馬斯．佛里曼（Thomas Friedman）在《謝謝你遲到了》（*Thank You for Being Late*）指出，這年發生許多「躍進」。智慧型手機普及，便於拍照上傳，全球化帶來相互連結的效應，加上使用者對付費機制的信任感，新科技與大數據匯集一起，讓許多事情「一指搞定」。

當時引發這些潮流的企業，並不知道這個轉型效應帶來的神奇效果，眾人都是事後歸納才發現，原來在這個時空脈絡下，各路創新人馬竟不約而同會聚一堂。

每個時代都有一個大機會，需要先判斷浪勢，並多嘗試，才能占到好位置，衝出自己的好浪頭。

諾貝爾經濟學獎得主、知名的心理學家康納曼（Daniel Kahneman）在《快思慢想》（*Think, Fast and Slow*）寫下成功的公式：「成功＝能力＋運氣。極大的成功＝多一點點的能力＋很多的運氣。」

面對成功的結果，能力需要多一點的謙虛，對於意料之外的事情，更應正面看待。

中國人對「機」的詮釋，就是事物的轉變處，如何當機立斷，就得先洞燭機先，在「機」尚未發生前，就觀察到蛛絲馬跡，才能預作準備。

李克明在《當孔子遇上哈佛》一書中描述，姜太公回答周文王有關建國之道，行動必須與時勢變化相應和，機的發動，最初總在陰暗隱密處，若要運用這個機，就必須以正大光明的行動做為創始。

既然機隱藏在陰暗隱密處，就必須察覺與找尋，否則無「機」不成事。

那麼，現代的機又在哪裡？

人生有如寶可夢，逆風才能抓到寶

《黑天鵝效應》（*The Black Swan*）作者塔雷伯（Nassim Taleb）認為，我們習慣注意已知的答案，容易將事情簡化，卻一再忽略我們不知道的事情，因此無法真正評估機會，不夠開放，無法珍視那些能夠想像「不可能事物」的人。

如何想像不可能事物？如何發現與接觸那些能夠想像不可能事物的人？「讓偶發事件進入你的工作生涯。」他建議我們要大量搜集雞毛蒜皮的小事，透過嘗試錯誤與摸索，從中注意異常、不同於一般認知、習以為常的事情，才能發現機會。

我們先看看這個轉型混沌多變的世界中，工作到底轉變成什麼型態？

學者史諾頓（Dave Snowden）在《哈佛商業評論》（*Harvard Business Review*）提出「庫尼文架構」（Cynefin framework，Cynefin是威爾斯語，指

的是環境與經驗中的許多因素，會以我們無法理解的方式產生影響），這個架構能幫助高階主管因勢制宜，從新觀點看事情，吸收複雜的概念，做出適當決策，有效處理實際發生的問題和機會。

這個架構依因果關係的性質，將可能面對的情況分成五種類型：簡單、繁雜、錯綜複雜、混亂與失序。在前四種情況，領導人必須判斷情勢，然後根據情勢採取行動。如果情勢看起來不屬於這四種情況，就歸類為第五種類型，也就是失序（失序可能就是黑天鵝）。

根據已知／未知，清楚／複雜，我重新歸納成四個象限，讓讀者知道自己的工作領域是處於哪個象限。

第一個是象限「簡單／已知」，這個象限的工作，屬於穩定和因果關係很明確的狀況，正確的因應之道不言而喻，不會引發爭議。這種情況屬於「已知的既定事實」。

第二個象限則是「繁雜／可知」，有明確的因果關係，但並非每個人都看得出來，這是「已知的不明情況」領域，在繁雜的情況中，需要透過現有知識與專業去察知、分析，來加以因應。

第三個象限是「錯綜複雜／後知」，屬於「未知的不明情況」領域，只有在事後回顧之際，才能了解事情為何會發生。這屬於創業者的工作領域，必須透過嘗試錯誤，測試解決方案，才能得到啟發與解答。

第四個象限是「混亂／無知」，這

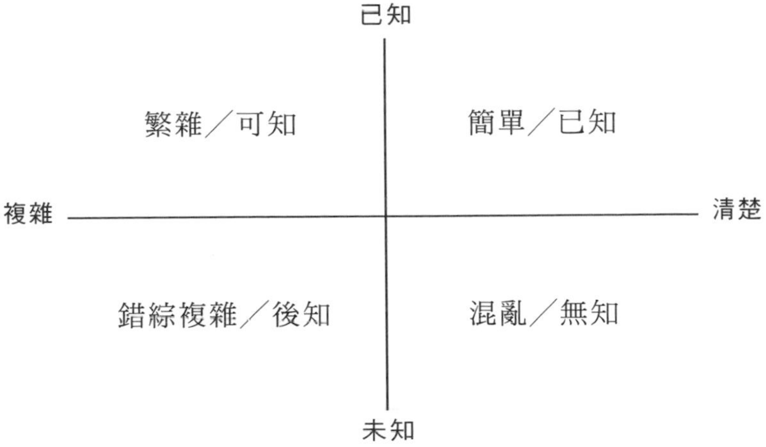

圖 1-1　庫尼文架構（能力階段）

已經接近黑天鵝的「無法得知」領域，沒有清楚的因果關係，因為它們不斷變化、動盪不安，沒有模式可以掌控管理，我們只能採取各種行動，設法生存。

過去我們的教育跟專業訓練，都在已知、可知這兩個象限，利用既有的知識來解決問題，有如拼樂高積木，有具體指令與步驟；但是在全球化、網路科技以及眾多黑天鵝事件衝擊下，這兩個象限的能力已經無法因應，我們必須增強第三象限，從錯綜復雜的狀態中探索發現改變現狀的能力。

第三象限就是機會所在，因為在已知與可知的領域，很少有意外的偶然，一切都有固定解決模式；然而在錯綜複雜的狀態下，遊戲規則被打破，需要更多跨領域溝通，理解不同專業，才能找出可能的解決方案，讓更多機會降臨。

習慣了第三象限的運作方式，遇到黑天鵝事件時，能有較好的心理準備與探索方法，因為更大的破壞，就有更大的機會。

如果目前的工作是在第一象限，就得積極往第二象限前進，因為大多數的工作仍處於第二象限，另外也需要培養第三象限的能力。

例如張永豪的工作是教學，工作內容處在第一象限的已知，只要按照教學手冊教導學生，因果關係簡單清楚，但是他調到偏鄉小校，遇到許多教學以外的問題，包括族群、弱勢、資源不足等，加上八八風災這個黑天鵝事件的衝擊，打破了既有的規則，帶來許多意外事件。

即使遇到風災衝擊，他也可以在第二象限裡當個好老師，只要把教學工作做好，協助災後重建，但是他卻透過拔河運動培養學生的自信與向心力，跨入了第三象限，積極找尋各個資源來解決訓練不足的問題，沒想到導致一連串的機會與變化，成就了他的意外人生。

機會效應在這個黑天鵝群襲，工作領域遇到人工智慧撞擊的不確定年代，更有意義與價值。

以往按部就班、分工清楚的工業經濟時代，天時地利人和的機會效應，可能只出現在少數人身上，媒體、勵志書籍過去都告訴我們，只要擁有天賦才華，或是累積一萬小時刻意練習的恆毅力，最後加上熱情，就是成功的法則。

只要有可預期的規則，就有可預期的成功，知名運動選手的例子俯拾即是，只要苦練、熱情與意志力，就有機會突出卓越。

然而，運動比賽有明確規則，有可預測的成功，人生與事業卻沒有明確的規則，當然也就沒有可預測的成功。尤其整個世界的遊戲戲規則正不斷改寫，瞬息萬變，難以預測。

以往安穩有序的工作，以及可預期、逐級攀升的職涯大金字塔，已經被拆解成各式各樣的小倒金字塔，帶來各種以往不曾出現的創業機會。對追求安穩鐵飯碗的人來說，這是大破壞；對重視自我實現與創造的人來說，卻是大機會。規則越多越僵化，機會也越少；限制越少，才越有可能異軍突起。

這個效應越演越烈的結果，將使創意取代頭銜，橫向連結鬆動垂直層級。每個人的一生，都面臨不斷換職與轉行的壓力，如果沒有隨機應變的能力，我們頌揚的恆毅力，可能會變成固執的枷鎖。

知名的香港演員許冠文，在影壇沉寂已久，沒想到受邀來台灣拍電影《一路順風》，竟入圍金馬獎影帝，他打趣地說：「就像玩寶可夢一樣，永遠不知道會抓到什麼寶，就像我沒想過鍾導會找我來台灣南部演運將，還入圍了金馬影帝，這就是遇到寶了。」

雖然最後挑戰影帝寶座失敗，面對媒體，生命經常遇到低潮的他卻說：「當我最痛苦的時候，我就像找寶可夢一樣到處去碰一碰，看看有什麼新的人、新的機會，原來很多東西都在，只要你不斷去找就能找到，你會發現原來生命可以繼續下去的。」

許冠文的故事，也像張永豪的故事，甚至是許多人未來的故事。我們都需要偶然的機會，只是要如何尋找、碰撞出機會的火花呢？

本書主張，逆風才有機會，才能抓到意料之外的寶物，但逆勢而為，要有方法，我歸納出六個方法——刻意製造混亂、誤打誤撞找到意外發現、多元人脈、正面看待絕境、不斷自我顛覆，以及透過適當分心、培養洞察機會的能力。

帶上這本書，祝你一路逆風。

CHAPTER 2

刻意製造混亂（Disorder）

有些生命活在你看不到的地方。

——鍾孟宏，《一路順風》

馬桶王的逆襲

我家的馬桶有漏水問題，會出現滴滴答答的聲響，沖水力道也不足，得花時間按壓多次，才能沖乾淨。

馬桶問題一直困擾我們，用了十多年，馬桶也老了，我跟太太討論，乾脆不要修理了，兩個廁所的馬桶一起更新。

由於沒有換馬桶的經驗，不知道要找誰換，也不了解適合的產品與價格，最簡單的方式就是上網。太太上網查詢，了解各個馬桶品牌與價格，還發現一個「TOTO King」的部落格，仔細看了幾篇文章，原來是一位專門幫人更換馬桶的達人，網頁裡展示許多馬桶更換前與更換後的照片，還有他如何拆卸、清理與安裝的過程，讓人不禁產生「要找他換嗎？」的念頭。

為了搜集更多資訊，我們到大賣場看各種馬桶，對想選用的品牌、品項與價位有了大致的想法，也到家裡附近的水電行詢問，只見老闆意興闌珊地問：「你們要自己換馬桶，還是我們換，價錢不一樣。」

這問題聽了讓人傻眼，怎麼會這麼問？當然是要由專家來安裝啊！夫妻倆內心很不快，決定馬上打電話給 TOTO King，他建議我們用 line 聯繫，依不同角度將馬桶拍照傳給他，讓他能了解現場狀況。

隔一天，談好價格，約好安裝時間，竟然要等一個月！我心裡一陣嘀咕，馬桶達人怎麼這麼忙？心想，也許很多人跟我一樣有馬桶困擾，他可能應接不暇吧。

到了約定日期，早上八點大門電鈴準時響起，只見他帶了大包小包進門，除了馬桶之外，提了兩個工具箱，還有兩個裝抹布、菜瓜布與清潔劑的水桶。

他端詳了一下浴室馬桶的狀況，先問我可否讓他照相，並放在部落格上，我點頭同意。他拍完照，打開工具，蹲在地上準備敲開舊馬桶底座。沒多久，他請我看看移除馬桶之後，埋在地板的水管，說明會怎麼處理與安裝。拍完照，接著安裝新馬桶，處理完畢，也仔細把地板整理乾淨。

「客人大部分都是裝潢完才搬入，你看哪個客人曾經看過馬桶師傅工作的樣子？」他跪著擦地板，驕傲地拍下我家廁所乾淨整潔的樣貌。

這是一場專業的演出，光是看他帶著各式各樣的工具，細心解釋馬桶管線安裝的細節，說明導致臭氣、糞水外漏的問題點與原因，就足以讓人信賴他的專業。

安裝馬桶時，我在他身後聊天，詢問他為什麼叫 TOTO King，他便說了自己的創業故事。

換馬桶是困擾，也是商機

五年前他只是一個在衛浴設備經銷商領薪水的師傅，有一天，一位做網頁設計的朋友不經意聊到，現在流行開部落格，問他要不要經營自己的部落格，說不定將來可以自己當老闆，還不用花錢開店。

他不太懂網路，但好奇網路世界有什麼，就聽從朋友建議，嘗試寫部落格。部落格要取什麼名字呢？因為他專門安裝日本品牌 TOTO，朋友就建議取名「TOTO King」。

長期從事勞動工作的他，雖然不善於自我表達，但他發現部落格是一個能夠練習表達自我的平台，也可能帶來一些業務機會，就經常利用下班後寫部落格，記錄工作內容，包括描述客戶遇到的各種狀況，以及最擅長的馬桶安裝流程細節。

部落格設立沒多久，奇特的事情發生了。很多人會上網搜尋資訊，紛紛上來留言，也請他來裝馬桶。他才意外發現，原來很多人需要換馬桶。

一開始他還是以公司的工作為優先，有空才去跑外快，慢慢發現越來越多人找他，兼差已經應接不暇了，跟太太商量後，決定創業。

創業看似獲利高，但不確定的風險也比較高，然而TOTO King發現，許多顧客的問題，在於不知找誰幫忙，如果他能與客戶面對面溝通，展現自己的專業，不僅收入有可能比領薪水還高，也會很有成就感。雖然不知道未來會如何，但至少是一個嘗試的機會，也能自主發揮。

現在他的工作時間都自己安排，安裝一個馬桶大約一個半小時，一天有三四個客戶要跑，週一到週五排了滿滿的工作，但都能準時在六點下班，假日也能充分地休息。

工作時間跟以往差不多，但因為直接跟客戶溝通，收入穩定，甚至比以前成長很多；更重要的是，節省店面與庫存成本。只要事先安排好工作，確認貨品數量，事先去載貨就好，沒有庫存壓力，且訂購數量多，就能拿到比較低的進貨價格。

為了節省交通時間，他只接新竹以北的業務，並選擇住在三峽，因這個位置往北往南都是中心點，而且鄰近高速公路，交通方便。

做這行會不會有淡季問題？TOTO King說，為了降低風險，只要有空，還是會幫同業代工，反正時間都是自己安排，只要有空檔，就去幫忙賺點工錢，也能維持人脈。

「那為什麼只用TOTO？」我問。

「因為TOTO是最好的品牌，我只安裝TOTO，就不用擔心經常得維修，也節省我的時間。」

難道沒有競爭者嗎？他說有，但是這些競爭者處理太多品牌，反而沒有清楚的定位，會遇到客戶殺價的問題，還要花很多時間維修。

他整理完自己的工具，要趕赴下一個行程，臨走前說，「我會在部落格寫安裝你家馬桶的內容，要麻煩你上網回覆支持哦！」

一直到現在，他的部落格從頁面、照片到字體都需要改善，內容也很瑣碎，還經常有八股的勵志小語，但這都不是重點。網頁上詳細列出各種問題專區，因為顧客要的是解決各種馬桶問題的資訊，以及對TOTO King的信任感，如果太精美的頁面，反而讓人有距離。

TOTO King的好運，來自於他有好奇心，願意嘗試經營不熟悉的部落格，搭上網路時代能與顧客直接溝通的列車，加上他原本就習慣安裝單價最高的TOTO產品，反而建立起自己的市場定位。

然而經營顧客關係也讓他的工作心態跟著改變，以前只要等老闆指令，配合裝潢，準時去顧客家工作就好；現在他得跟不同客戶溝通，也意外發現顧客的需求——他們要的不只是一個馬桶，而是值得信任的馬桶師傅，能夠解決他們的廁所問題。他在網路上與工作現場展現的專業（哪怕只是一場表演），都能博得顧客的信任，也能建立長久關係。

因為朋友無意間的一句話，鼓勵他經營部落格，儘管為自己安穩的工作帶來混亂狀況，卻讓他從混亂中看到契機，專注聚焦自己的工作與產品，還增加拍照、寫部落格的時間，最後成為沒有店面、四處遊走的創業者。

他讓馬桶師傅成為主角，也創造自己的事業。

一開始只是不經意探索卻帶來混亂，攪亂原本穩定有秩序的生活與工作，但也因此產生許多可能性的縫隙，才有機會去捕捉各種商機，創造不同以往的價值。

混亂無序才是真實人生

TOTO King不是特例。仔細觀察我們周遭的人事物，比較有能量、有創意、有故事的人，幾乎都有這種亂中取勝、勇於冒險與突破潛能的特質。

在這個許多規則都被打破，需要重新定義的年代，更需要這些特質來掌握自我命運。但是我們天生就不喜歡混亂造成的不確定性，反而喜歡明確帶來的安全感。

我們總認為，混亂、臨時生變、不完美、不一致、隨機與分歧都是暫時的，最終都會「撥亂反正」，回到一個井然有序、有條不紊、有系統、可量化、依照計畫，一切盡在自己掌握之中的穩定世界。卻忽略了人生與職涯經常發生不按牌理出牌的狀況，混亂無序往往構成真實人生。

知名作家哈福特（Tim Harford）撰寫的《不整理的人生魔法》（*Messy*），就是從亂象出發，打破大家長期對混亂的刻板印象。

他舉了一個因為意外混亂，創造無與倫比創意傑作的故事，主角是我崇拜的爵士樂大師凱斯・傑瑞（Keith Jarret），他有張知名的科隆現場鋼琴獨奏專輯，竟來自一台琴鍵有問題、踏板卡住、音不準的鋼琴。

演奏前六小時，傑瑞發現歌劇院沒有做好準備，也來不及調整，原本要離開現場，但策劃人請求他一定要上台，以免讓觀眾失望。傑瑞決定放手一搏，調整自己的彈奏方式，加上鋼琴音量太小，得拼了命似地彈奏，反而抓住聽眾的心神，意外締造此生的巔峰之作。

我們很容易自我設限，自我感覺良好，一旦面臨混亂的狀態，反而會逼迫我們跳脫習慣的舒適圈，全神貫注、調整自己的能力去因應外界變化，進而產生意想不到的突破。「亂能激發創意、孕育韌性，讓我們表現出最好的一面。」哈福特強調。

當生活或工作趨於平穩、一切都可以預期、缺乏挑戰動力時，態度跟能力容易成為一灘死水，與其等待混亂狀態被動因應，不如主動製造一些混亂狀況，改變一成不變的生活秩序。例如參與新專案、做自己較不擅長的工作，甚至學習新的專業，認識不同領域的朋友等，都有機會刺激自己進步，找到新的動力方向。

TOTO King在混亂狀態中，迫使自己轉換角度，從顧客立場思考對馬桶師傅的信任需求，將自己原本擅長的事情，透過部落格、現場溝通，實地讓客人了解，不斷創造自己的機會。

然而大環境不斷變化，除了獨門技術與技藝工作（例如水電空調）之外，很多專業很難從一而終，我們該如何找到自己有興趣，又能勝任的工作呢？

這是大哉問，也許主動為自己的人生製造一點混亂狀態，才有可能帶來意想不到的機會。

文案高手，投筆從農

在廣告公司擔任文案工作八年的金欣儀，三十歲那年是職涯豐收年，她同時拿到國內外好幾個廣告大獎，是廣告人夢寐以求的榮耀。

身高一五〇公分、個頭嬌小的金欣儀，有天早上如往常搭捷運上班，擠在人群中，一時心血來潮，掐指算算六十五歲退休前，這一生得付出的工作時數，竟發現這輩子七成以上的人生都要貢獻給工作，突然驚覺，「人，來到這個世界上真的就只是為了上班賺錢嗎？」

拿到廣告大獎的風光，沒辦法解答她的疑問。行動力很強的她，報名了一堂在淡水山上、追求自然農法的種田課程，嘗試找出一些答案。

當二十多位同學彼此自我介紹時，沒有人介紹自己名片上的職業與頭銜，而是闡述夢想、生活價值與旅行見聞，輪到她時，竟一時語塞，因為自己的人生只有工作，沒有其他值得分享的事情。

上完課，金欣儀知道答案不在台北職場，也不是關起門自我反省，而是得徹底轉換生活方式，才知道該如何過自己的人生。

剛好主管從台中開會回來，帶了一盒鳳梨酥請大家吃，還提醒她注意包裝盒裡寫的文案，這些以鄉土俚語寫的文字，誠懇地寫出對土地作物的情懷，讓她這個不懂台語的台北人，讀起來仍覺親切、毫無陌生感。這些文字比起過往她幫進口名車、投信基金寫的文案，都更加誠懇且具有真實感。

受到種田課與鳳梨酥文案的啟發，讓金欣儀想環島認識更多辛苦的小農，參與他們的生活。她決定跟賞識她的主管提辭呈，辭呈寫著：「我要去種田，我想用我的筆去幫那些辛苦的農夫們耕田！」就這樣決定過一年她的「棄業」人生。

這是混亂人生的開始。她在各地上山下海，學會幫一大群人煮飯、爬樹、一個人在山上過夜、被牛追、教部落媽媽們學電腦，甚至帶一百二十個孩子清掃林道。每天晚上累到躺下來時便暗自咒罵，比台北工作還累一百倍，幹嘛來？卻又期待隔天的到來，因為每天都是嶄新的開始。

有一天，她利用空檔時間，上網檢視自己的基金投資狀況，竟發現因為二〇〇八年金融海嘯，上班拼命累積的錢，縮水了一大半。她也只能自我解嘲，儘管自己過去寫文案銷售基金，卻逃不過金融海嘯的波及，當下無薪水的環島農事體驗，反而成為最真實的資產。

環島過程中，她開始在網路上寫日記，還取筆名為「買買氏」（因為過去的文案工作都是吸引消費者買買買），希望將來有一個管道能夠幫這些小農發聲，她決定將自己的經歷寫成書，影響更多人。

為了生活費用，她一邊兼差幫廣告公司寫文案，也嘗試將書稿寄給各家出版社，希望能獲得青睞，沒想到這位得過廣告大獎的文案高手，得到的都是已讀不回的結局。

她感到沮喪無助，問了一位部落格格友，有沒有認識的出版社？這位格友引介的出版社，正是我過去從事三一九鄉報導的天下雜誌公司，雜誌部門主管邀請金欣儀先參與三一九鄉的後續報導，讓她有點稿費收入，後來談到出書的事情，也給予支持。

當時臉書正逐漸開始盛行，金欣儀回到台北後，在臉書成立「直接跟農夫買」粉絲頁，透過她的文案推薦，讓消費者能夠直接跟農夫接觸。

沒想到《棄業日記》一出版，立刻獲得廣大回應，兩週之內就再版了，因為小人物的動人故事，以及金欣儀瘋狂出走的經歷，都讓苦悶已久的讀者，有了一個啟發與抒發的窗口。

「直接跟農夫買」也受到臉友支持，許多小農上門求助，同時吸引許多志工加入幫忙。志工們開始分工，分別負責採訪撰文、攝影、經營粉絲團，透過實地訪談與檢視，再將農夫資訊發布在粉絲團，讓消費者直接跟農夫溝通聯繫。

金欣儀做到當初環島立下的目標，用自己的文案能力銷售台灣農產品，不過因為是無給職的志工，她仍然得用各種兼職工作養活自己。

運作不到一年，這個良善機制就遇到空前挑戰。習慣網路便利生活的消費者，有時深夜上網看到農產資訊，也會打電話給農夫，打亂他們的生活作息；農夫也不熟悉網路運作，無法處理消費者的訂單，幾乎有崩潰之感。

小農們告訴金欣儀，他們只擅長種植，行銷、物流與客服，能否請「直接跟農夫買」負責，但是這個團隊都是志工型態，無法長時間投入，志業與事業難以兼顧。

金欣儀陷入始料未及的困局。她深入思考，許多消費者也是只買一次的衝動性消費，如果要讓農夫、消費者與團隊三贏，勢必得成立公司，才能永續經營。

但她只是一個廣告文案，自由自在慣了，真的要創業嗎？自己有能力做到這些事情嗎？

棄業環島，創業環球

過去環島一年，讓她深入認識台灣，找到投入的志業，現在她的視野放得更遠，她想了解世界各地的農業經營狀況，有什麼可以學習取經的典範？

這個任務更艱難，環球一年，可不是環島一年！

她積極四處接案賺稿費，為了存旅費，也給父母安家費，還找了一點贊助。她也跟志工們討論，環球的這一年，志工團隊要持續經營粉絲團、拜訪小農、撰寫報導，不能斷掉好不容易培養起來的人氣。

這一走就是一整年，要跨越五大洲，一年的旅費大約要多少？一般人大概沒想過，尤其要不斷移動，旅費更難以計算。

金欣儀原本做了初步的旅行規劃，但是到了印度，旅程充滿不確定性，她乾脆放棄規劃，順著狀況機動調整，隨遇而安。唯一不變的，就是一定要住在當地人家裡，才能跟當地人深度互動，了解風土狀況。

她印象最深的地方，是全球最狹長、疆界超過四千公里的國家的智利。為了體驗這種狹長地形的感受，她搭了二十八小時的客運，走了智利國界的一半、約兩千公里的距離，才抵達目的地——地表最乾燥的地方，阿塔卡瑪沙漠（Acatama）。

但她最難忘的不是沙漠本身，而是南美發達的客運系統。分成兩層的巴士，有不同等級與價格，高價位的下層座椅，還可以躺平。為了安全與勞工權益，司機八小時就會輪班，還有車掌小姐送餐，讓她見識到不一樣的體驗。

對金欣儀來說，生活在台灣島嶼，價值觀比較封閉，這一年環球之旅，打開了不同的視野。出國看到世界這麼大，每個洲有不同的風土人情，不同族群，不同經濟產業及價值觀，跟當地人在一起生活，就會發現人根本不可能只靠一套方式生存。

第一次環島是了解土地，改變她的人生，從廣告業小資女變成為農夫發聲的買買氏；第二次環球，則讓她的人生邁進一大步。原本只是經營社群媒體，讓消費者直接跟農夫買，現在則是創業，成立社會企業要跟農業共存共榮，創造更多價值。

她跟朋友合資成立公司，擔任執行長，開始學習財務、營運與人事管理，甚至練習自己做損益表。這些都是她過去沒學過且認為枯燥無趣的專業，現在因為要讓事業更長久，反而更投入。

他們的辦公室位在桃園一棟大樓裡，不算大的空間，只有一小塊辦公區，其他空間都讓給各式各樣的農產品。為了省店租，他們從台北一路遷到桃園，「如果會數學，我就不會創辦公司了，」她開玩笑地說。

因為之前累積的基礎，「直接跟農夫買」電子商務的起步很穩健，但是金欣儀現在依靠的不只是衝衝衝的熱血，而是更冷靜敏銳的思考。她知道農產品賣不出去的下場，只能用低價拋售，或是任其腐爛，淪為土壤肥料。

「農業不能靠苦勞，要從消費者需求回推生產，每年做消費者需求調查，不能只用苦情牌，」金欣儀分析三年的消費者數據，了解消費者的需求，再回推跟農友溝通，希望透過契作方式，讓農夫們的生產能與市場接軌，「要用更聰明的方式來做有益的事情，才有穩定的收入。」

經過三年的努力，終於開始損益兩平，雖然公司很小，仍然步履蹣跚，有待持續努力，但是營運已有穩固的基礎。

一次捷運上的疑問，一盒鳳梨酥文案，一堂種田課的啟發，金欣儀在無意之間為自己的人生掀起巨大無比的颱風。身處暴風圈中，卻實踐了環島、環球與創業，一個小小台北上班族從未想過的夢想。

曾有媒體採訪她，創業當下是否有猶豫或考慮？「就像我每次旅行一樣，因為不知道，所以不會怕，反而會產生開創性的點子。」現在回過頭看，會覺得『多知道』一點比較好嗎？還是創業就是得不知道？金欣儀回答，「創業最好要『不知道』哩，都知道的話，大概就沒有人要創業了。」

人生經常因為不知道，才想去探索、學習與經歷，如果認為自己什麼都知道了，一方面是無趣，另一方面是無知，因為世界經常跟我們唱反調。

機會經常隱藏在混亂土壤中，需要我們去深掘碰撞，才可能出現蹤跡。

專業化與多樣化的組合

塔雷伯在《反脆弱》（*Antifragile*）這本書中強調，許多可能發生、無法預測的事件，幾乎存在於世上每一種事物中，但脆弱的事物往往最不喜歡波動，喜歡穩定，這是一種錯覺，一旦遇到黑天鵝的挑戰就會瓦解。

相反地，脆弱的反面不是堅韌強固，塔雷伯稱為「反脆弱」。這是與時俱進、會在波動、混亂與隨機環境中成長茁壯，喜歡冒險與不確定的特質；在黑天鵝世界中，這是能隨環境調整，避免受不確定意外打擊的能力與心態。

他的反脆弱概念來自對大自然演化的觀察。演化要靠反脆弱才能運作，大自然偏愛壓力、隨機、不確定與混亂，雖然這會讓個別有機體相對顯得脆弱，但整體基因庫卻會因此增加適應力。

如果把脆弱與反脆弱的概念用在職涯發展上，看似安穩有保障的工作，遇到極端的重大衝擊，就會發生脆弱的風險；相反地，變化性大、看似混亂的工作，反而因為習慣各種無法預期的挑戰，更具有反脆弱的特質。

以TOTO King為例，從領薪水的馬桶師傅，轉型為直接跟各種客戶溝通的創業者，除了建立長期的關係，還能藉由網路與口碑不斷累積個人品牌資產，專業技術加上溝通能力，讓反脆弱的能力越來越強。

塔雷伯在《黑天鵝效應》中提出「槓鈴策略」，以因應黑天鵝事件的波動性與風險。這是指同時採用兩個極端的策略，一端非常保守，一端非常積極激進；一面努力工作，一面讓偶發、具有正面意義的意外事件進入工作生涯中，從中抓住各種可能的機會。

槓鈴策略是一種風險組合，一面從事安穩有把握的工作，但同時又要撥出一段時間進行不同於現況的事務。

像Google就有一項知名的二〇%自由時間政策，任何員工上班時都可以抽出二〇%的時間，研究一些似乎毫無價值可言的項目，讓員工有機會去開發、嘗試不同的創新實驗。

專業化與多樣化並非平行線，要刻意產生交集。我們可以運用八二法則，八成的時間精進自己的專業，兩成的時間學習自己不熟悉、特別有挑戰性或是很有意義的事情。去了解不同領域的遊戲規則、特色與角度，結識不一樣的人，接著再嘗試與自己原本的專業對話與連結，也許就會帶來前所未有的改變機會。

主動製造混亂，去體驗與學習新領域的專業，累積多樣化的經驗，就能藉由對照、衝擊來啟動新的思維模式，打造出有利反脆弱的環境。

神經學家沃特・弗里曼（Walter Freeman）認為，混亂是資訊的豐饒泉源。在混亂環境下，才會刺激發展出更多能夠思考或感知的大腦神經元，從混亂狀態打造新秩序。就像湍急河流撞擊大石頭時，會分成兩個水道，帶來轉換的新方向。石頭也許是帶來混亂的阻礙，但也是一個反轉的機會。

以創意為主的廣告文案金欣儀，存了一筆錢，以一年時間環島，去找尋自己的方向。雖然受到金融海嘯的波及，但是她將文案專業與農業結合，在食安風暴、小農經濟與臉書興起的效應下，不斷耕耘學習，累積更多專業與影響力。等到她再用一年環遊世界實地見學，有了清楚的方向後，賭注越來越大，參與越來越深，最後成了一位具有影響力的創業者。

美國專門研究圖書館學的學者阿德里茲（Sanda Erdelez），很好奇人們如何搜尋資訊，便著手研究資訊偶遇（Information Encountering）。她訪談了上百人，了解他們是如何搜集資料，她發現有一些人在原本特定主題之外，經常搜尋到意料之外且更好的資訊，以及各式各樣的有用線索，還能幫親友、同事找到很多解決問題的答案。

阿德里茲稱這些人是「超級偶遇者」（Super-encounterers）。她分析，其他資訊偶遇者或是很少產生資訊偶遇現象的人，比較狹窄地專注於手上既有的工作，然而超級偶遇者的共同特質，通常是興趣廣泛多元，好奇心強、樂於探索，還自認有某種特別的感知力。

混亂不是目的，而是過程。如果我們再進一步解釋超級偶遇者的特質，便會發現他們經常能夠在混亂世界中，整合各種人事物的變數，賦予新意義，創造新秩序，並開創出讓人大開眼界的新局。

超級偶遇者，讓人生不一樣

我就認識這麼一位在混亂中創造自己獨特定位的超級偶遇者。她是亞洲人類圖學院創辦人喬宜思（Joyce Huang），她帶動了這幾年非常火紅的名詞與話題——「人類圖」（Human Design）。

週二晚上六點半，位在信義計畫區的信義學堂外頭，已經排了近百位準備入場的聽眾，都是為了聽喬宜思從人類圖角度談職場的相處之道。

七點講座準時開始，喬宜思走上講台，看著滿座的四百多位聽眾，不禁瞪大雙眼「哇，滿場的人！」其實，這兩年來，喬宜思的任何講座都是滿場狀態。大家全神貫注，聽她解析看似複雜的人類圖，振筆疾書寫下重點，但一下子又隨著她的自嘲而哈哈大笑。

人類圖是台灣這幾年很熱門，關於自我探索的一個知識系統，三十年前由一位加拿大人拉・烏盧・胡（Ra Uru Hu）所創立，是結合西洋占星學、易經、印度脈輪與猶太卡巴拉（生命之樹）的深奧學問。

人類圖認為每個人都有獨特的天賦、才華與使命，只是經常被後天的社會文化體系制約，無法充分發揮。透過人類圖的分析，可以了解個人的特質，找出自己的人生策略，以最適合自己的方式過生活，因此人類圖也被稱為是每個人的人生使用說明書。喬宜思是亞洲第一位取得全球人類圖學院認證的中文人類圖分析師，也是台灣、香港與中國區域的亞洲人類圖學院負責人。

喬宜思一直尋尋覓覓、轉換職涯，在混亂狀態中慢慢收斂，最後才找到人類圖這個志業。

她高中英文很差，一心只想考上中文系，成為一個作家，結果並沒有考上理想的大學科系，決定隻身到紐西蘭唸書。她選擇到一個幾乎沒有華人的小鎮居住，強迫自己融入地方文化，從生活中學英文。

雖然沒有放棄作家的夢想，但她母親認為人生最好的職業就是當鋼琴老師、房東與銀行行員。喬宜思不想掀起家庭革命，決定念商業與文學彼此相容的行銷科系，至少還能夠跟文學沾上邊。

畢業後，她留在紐西蘭當銀行員。工作內容很簡單，每週四要發養老金給退休老人，但是老人們經常週一就到銀行問她錢何時下來，她整天回答一樣的制式答案，雖然準時上下班，卻覺得人生沒有意義，決定回台灣找工作。

因為離開台灣多年，不了解台灣產業生態，又沒有人脈，一時也不知該如何找到自己想要的工作？

喬宜思選擇先聚焦在品牌行銷業，再廣泛了解這個產業生態與特色。她用一個月的時間，研究報紙求職欄，只圈選跟行銷與廣告有關的行業，且以外商為主，只要接到通知就去面試。她一共面試近三十多家，幾乎每家公司都希望個性活潑、充滿能量的她去上班，但她真正目的不是馬上工作，而是藉此了解各個產業狀況與公司特色，自己拼湊出一個行銷產業鏈的圖像，全盤了解之後，再決定要去哪家公司上班。

不斷思索人生意義

她最後選擇一家錄取率只有一％的外商品牌公司，擔任行銷企劃部的儲備幹部，主要負責沐浴用品的品牌行銷。工作一年半之後，向來肯拚又耐壓、每天都加班工作的她，開始產生自我懷疑。賣洗髮精、沐浴乳這些產品，到底有什麼意義？她不時陷入沈思，這樣的行銷工作真的有助於改善人們的生活嗎？

她決定換工作，轉換想法與視野。當她跟主管提辭呈，說明要去廣告公司上班時，主管不可思議地瞪大眼睛：「所有廣告公司的人都想要到品牌客戶端工作，沒有人會從客戶端換到廣告公司去。」

想自由自在從事廣告創意工作的喬宜思，只淡淡回答：「我想去試試看。」

到了廣告公司，她一開始也是拼命探索學習廣告業的專業，但過了一年，又開始陷入懷疑，因為想像跟現實落差頗大，人生到底有何意義？

碰巧一位同事介紹她參加一堂體驗式成長課程，叛逆的她半信半疑，抱著想去踢爆戳破這種虛幻心靈成長課程的心態去參加，沒想到上完一天課程之後，卻讓她找到自己的心之所嚮。

這個來自美國，全程英語、需要透過翻譯的體驗式課程，結合了劇場、音樂與心靈成長，主要透過深度體驗讓學員參與其中了解自己。喬宜思喜愛這樣的課程，即使課程結束後依然難以忘懷，決定利用下班時間擔任課程翻譯，繼續參與。

一開始壓力很大，最難的不是同步翻譯，而是音調、情緒都要跟講師同步，才能讓學員身歷其境。她曾經因為表達不到位，當場被學員批評質疑。

為了精進專業，她更加投入，下了很多苦工，每週有三天晚上和週末整天都要擔任翻譯工作。由於生活節奏已經跟廣告工作無法配合，她毅然決定辭職，靠著寫作與口譯，全心參與體驗式課程的工作。她的先生也是在課程中結識、繼而結婚。

課程講師很賞識她，想培養她成為到世界各地授課的講師，她因此加入講師培訓班，希望能夠改變現狀，讓人生更有意義。

一切都令人期待，沒想到這時她竟然懷孕了，為了成為全職媽媽，她決定放下這個講師工作，希望能全心與孩子、自我好好相處。

這個決定讓原本的規劃暫時中止，但喬宜思的人生困惑一直都在。她經常帶女兒去公園玩，看著女兒開心的模樣，心裡卻非常鬱悶，因為人生沒有方向、沒有意義，一身好功夫卻無用武之地。

渴望了解人生使命

某天，一位有一面之緣，住在台灣的外國占星老師寄一封電子郵件給她，說明要開一場人類圖工作坊，還附上一個人型模樣的圖檔，上頭註明許多數字、方塊與三角形。喬宜思被這個看似古怪的圖表吸引，很想知道那是什麼，因為當全職媽媽一年了，幾乎沒有機會去做一件自己真正想做的事情。

雖然學費不便宜，孩子還得托人照顧，但她仍渴望知道，這一路跌跌撞撞的人生，到底是怎麼一回事？她的人生使命與意義是什麼？退一步想，萬一人類圖只是旁門左道，沒有邏輯與道理，至少也是讓她有機會換角度思考。

剛好父母從紐西蘭回來，可以照顧女兒，她便拉著先生一起去上課。上完課，只粗略了解人類圖的知識，但看著自己的人類圖，她突然感到莫名興奮，也有更多疑問，刺激她想更深入學習人類圖。

她開始上網認真研究人類圖，才發現了解這個知識體系需要三年半的線上課程，費用也要三十多萬元，而且這門遠距課程是在跟台灣相反的歐美時間上課。如果真的要跨出這一步，就要過著日夜顛倒的生活，白天她要帶小孩，且學完人類圖，即使獲得認證，真的會有人願意付費找她解讀諮詢嗎？

一切的未知在腦海中盤繞，理性來看，應該等孩子長大一點再說，應該……反正可以找到一堆理由，但是沒有奮力一躍，哪知答案是什麼？一路走來，都是如此，她決定放手一搏，投入人類圖遠距教學的課程。

沒想到學習過程中又懷孕了，而且是一對雙胞胎，她一邊要照顧大女兒，一邊要忍受懷孕過程的不舒服，同時還要面對社會世俗的價值壓力。

喬宜思當時的狀態，就如同自己在《回到你的內在權威》寫的：「在社會主流價值的標準之下，自己像在這一條標準作業的生產線底下，格格不入、幾乎即將被剔除的不合格品，總覺得自己真是一事無成。」

她在學習人類圖過程中，逐漸體會到人的多樣性與複雜性，在人類圖解釋下都有脈絡可循。但因為是西方的內容，且用語就像文言文般不易了解，為了驗證人類圖體系是否具解釋性與參考性，她開始大量研究自己周遭朋友的人類圖，還會跟他們討論確認，並詢問他們的感想與體會，接著再自己思考與修正，嘗試用自己的方式詮釋與說明。

學成之後，她開始幫人諮詢解讀人類圖，得到更多啟發與印證。原本只想貼補家用，沒想到一傳十、十傳百，許多人慕名而來，預約解讀的名額已經排到一年之後，她才發現有許多人很想了解自己、找尋意義。

找到志業，成為創業者

也有許多人想請她開課，讓更多人了解人類圖，不再只是解讀自己的狀況，還可以入門一窺堂奧。她原本並沒有當講師的心理準備，但她的老師告訴她，她的人類圖設計就是天生的老師。

幾年前她錯失當講師的遺憾，原來在人類圖領域，還是可以完成這個夢想。

一開始，第一班、第二班很快就額滿了，因為主要都是她的朋友來參加，但接下來才是挑戰，要如何讓更多人認識人類圖，繼而來學習人類圖的知識？

此時，她成立了亞洲人類圖學院，負責台灣、香港與中國地區的人類圖教學經營，要將人類圖有系統地推廣出去。

從研究人類圖、做個案解讀到開課，一直到兩岸三地的經營，事業版圖越來越大。喬宜思的先生Alex，原本是外商公司總經理，三年前也辭職，成為人類圖講師，還負責公司營運。他形容這是家庭手工業，一切都得自己來，喬宜思則專心翻譯、開發與講授課程。

但是人類圖該如何推廣？喬宜思過往的品牌行銷與廣告經驗就派上用場了。有一天她突然想起，人類圖跟著星星運轉，也有流年、流日，可以根據每天的流日符碼，寫下當天的重要課題。她開始每天撰寫一篇「人類圖氣象報告」，週一到週五持續不斷，寫在部落格跟臉書上，一共寫了近千篇。

人類圖氣象報告的有趣文字，吸引許多人關注分享，像一篇心情小語，又充滿慧黠的智慧，有時像瑪法達的星座預測文字，讓人若有所思，心有戚戚。人類圖氣象報告拉近許多人跟人類圖的距離，也讓更多人好奇人類圖——我也是因為別人在臉書轉分享這些文字，才注意到人類圖是什麼。

喬宜思也藉由寫書、演講不斷跟外界溝通。除了人類圖不同階段的工作坊，她也根據主題開設職場、理財、愛情與親子教養的課程，每次開課總能吸引滿額的報名。

現在喬宜思的工作坊已經在台灣與香港開辦，大陸也有不少盜版的人類圖書籍；面對大陸廣大的市場，如何讓人類圖能逐步推廣，又穩紮穩打，喬宜思也費盡心思。

為了讓人類圖的事業能長期經營，喬宜思決定擴大營運，吸引出版社總編輯加入，協助編纂書籍教材，另外也有採訪編輯、專職翻譯與行政，她甚至思考如何開發電子商務，讓更多人可透過網路來解讀自己的人類圖。

她也開始培訓人類圖講師，希望未來可以開枝散葉，不要讓自己一肩扛下所有課程，才能做更多有意義的事情。

例如我曾經協助喬宜思跟她培訓的講師開設說故事工作坊，不少學員都曾是過去體驗成長課程的同學，或是因為職涯或人生受挫，找她解讀個案、繼而愛上人類圖的成員。他們希望在工作之餘，能更了解人類圖，也能開課分享，豐富自己的人生，甚至開拓職涯空間。

有位培訓講師就是當年喬宜思第一班的成員，她本身在金融業工作，卻長期追尋喬宜思的步伐。「我喜歡她有話直說、真誠和聰慧，」她強調，「還有一個特質是認真研究。」

「我會在信義學堂的演講上跳踢踏舞喔，」喬宜思告訴我，「因為我想嘗試不一樣的事情。」

她真的說到做到。在演講結束前，和她的踢踏舞指導老師來了一段雙人舞，讓現場觀眾意外又興奮。這是電影《樂來越愛你》(*La La Land*) 其中一段舞步，她奮力踩踏出清脆的聲響，將自己跟舞台、觀眾交融，產生美妙難忘的共鳴。

她說，深夜翻譯人類圖教材時，無意間從臉書看到一段踢踏舞者的影片，輕快的聲響與舞動讓她有強烈共鳴，決定花時間學習踢踏舞，並做為演講結束前的驚喜。

她只想鼓勵大家，給自己一個機會，去了解嘗試和實踐真正想做的事，會為生命帶來什麼樣的轉變和體會？

「外在的社會制約永遠都在，但是人總有基本需求，要找到生命中能驅動自己的核心，先做一件小事，帶你去下一步，才會出現新的可能性與機會。這是事先想不到的，因為我們的大腦只能根據原本經驗跟體驗歸納整理，找出安全模式，但是未來是過去從未經歷過的，萬一過度恐懼，就不會有新的可能性。」喬宜思提醒。

學習超級偶遇者的特質

前面我說喬宜思是一位超級偶遇者，因為她在每個人生階段都不斷嘗試新的挑戰與學習，例如品牌行銷、廣告、體驗式成長課程、人類圖學習、講師、作家與創業等。最後這些看似無關聯的一連串混亂經驗，卻巧妙地縫合在一起，成為豐富她人生與事業的元素。

這些經驗能彼此相連的關鍵，在於學習新事物，以及學習之後的整合與應用。例如喬宜思上體驗式成長課程，主動參與即席翻譯，要學習如何營造現場氣氛、抓住學員注意力；學習人類圖課程之後，更要學會如何將繁雜難懂的知識與名詞翻譯成台灣人可理解的內容，同時透過大量解讀，讓人類圖內容更為通俗易懂，有更多故事與案例可以佐證與幫助學員理解。

喬宜思還有一個特質，她很喜歡交朋友，對朋友的類型也不設限，在臉書、line有各式各樣的群組，遇到什麼新鮮好玩的事情，她會根據不同群組特性，給予不同的訊息，也會舉辦各種聚會，彼此聯絡感情。

超級偶遇者最大特質，就是能從混亂中找到有趣的事情，賦予新的意義與特色，重新整合成新的內容，創造新的機會，帶來新的方向。

我們可以留心身邊的超級偶遇者，多跟他互動相處，可以學習新的能力與視野，甚至帶來新的機會。

我們自己也需要培養成為超級偶遇者的特質。例如廣泛、開放學習不一樣的知識、專業與視野。喬宜思說自己學習人類圖，認識各式各樣的人，重新找到自己跟世界互動的方式，關鍵在於「系統化的同理心」，能夠理解他人，包容跟自己不一樣的人，而非只是對立與抗拒。

在混亂的時代，沒有確定的答案，唯一確定的就是不確定，唯一能掌握不確定的方式，就是多樣化的學習與體驗。

別怕亂，亂才有故事，亂才有意思，亂才有意想不到的機會。

摘要回顧：本章技巧提要

Disorder —— 刻意製造混亂

機會經常隱藏在混亂土壤中，需要我們去深掘碰撞，才可能出現蹤跡。

- 混亂無序才是人生的常態，正視生命中的意外與變化，不自我設限，試著逼迫自己跳脫習慣的舒適圈，調整能力因應變化，尋求突破。
- 與其等待混亂狀態被動因應，不如主動製造一些混亂狀況，改變一成不變的生活秩序，刺激自己進步，找到新的動力方向。例如：參與新專案、做不擅長的工作、學習新的專業、認識不同領域的朋友等。
- 在混亂狀態中，迫使自己轉換角度，幫自己原本擅長的能力，找到不同的發揮空間，創造更多的機會。
- 對未知的事物保持開放與好奇，不經意地探索往往能帶來混亂，攪亂原本穩定有秩序的生活與工作，催生出許多可能性的縫隙，讓我們有機會去捕捉各種商機，創造不同以往的價值。

- 為個人職涯導入專業化與多樣化的風險組合，從事安穩有把握的工作的同時，也撥出一些時間進行不熟悉、不同於現況、有挑戰性或有意義的的事務。
- 學習「超級偶遇者」的特質，廣泛學習不一樣的知識與專業，從混亂中找到有趣的事物，賦予新的意義與特色，重新整合成新的內容，創造新的機會與秩序。
- 放下恐懼，給自己一個機會去嘗試和實踐真正想做的事，體會它為生命帶來的改變。

CHAPTER

3

歪打正著，意料之外的發現
（Discovery）

您無法循著某條航線直接抵達「巧合」，您必須誠心誠意地往其他地方出發，然後湊巧地迷失方向。

——約翰・巴思（John Barth）

鳳梨王子的一場遊戲一場夢

清晨六點，返鄉種鳳梨的楊宇帆被手機鈴聲驚醒，電話那端是陌生的聲音，自稱是電視台記者要採訪他。「採訪我？有沒有搞錯？」他迷迷糊糊的，還搞不清楚狀況。

「你在部落格寫的那篇〈親愛的英九，聽我說說話，好嗎？〉已經在網路上瘋狂被分享轉寄，你不知道嗎？」對方說，「你現在是網路紅人，我們想約專訪。」

楊宇帆想起來了，為了反對政府準備提出最低工資補助青年返鄉務農的政策，他憂心只領工資而非改善農業環境，會讓返鄉務農的青年看不見未來，決定在部落格抒發自己的意見，希望政府要有長遠規劃，而非只是滿足短期成效。

但該如何動筆呢？鄉民罵政府很簡單，難在如何罵得有趣好玩，讓人有感覺又能深思。他左思右想，想到不如試著用幽默方式來表達。有一首他喜愛的歌，是二〇〇六年美國搖滾女歌手粉紅佳人（P!nk），向當時的美國總統布希喊話演唱的單曲〈Dear Mr. President〉，他決定仿效這首歌，把馬英九總統當朋友，用和朋友溝通的方式引起共鳴。

他的開場白很有意思：「親愛的英九，我可以這樣叫你嗎？總統的頭銜太有距離感，我想把你當成朋友，所以請容我像朋友一樣稱你一聲英九。先跟你坦承，我並沒有投給你，但也沒有投給小英，身為朋友就不該有太多保留，你說是吧？」

當他寫到其中一段，內心格外激動：「每一個返鄉務農的青年都有屬於自己的故事，我們傻嗎？簡直白癡至極！冒著一個月賺不到一萬塊的風險。我們聰明嗎？天才至極！年紀輕輕就清楚自己、了解自己，勇敢地踏上這條人跡罕見的路，因為那是我們想做的事。勇於做夢，築夢，並且踏實，我們年輕，我們相信『未來』。」

結語仍不忘幽默搞笑：「我叫楊宇帆，今年二十六歲，是個在台南關廟種有機鳳梨的青年，我熱愛我的土地。有任何意見交流，隨時歡迎，0934xxxxxx，通常我不允許朋友 1230—1400 撥電話給我，剝奪農人的午休是殘忍的，不過英九的話，可以喔，這是給總統的特權！」

文章寫完，心情也抒發了，得意的楊宇帆請朋友幫忙分享轉貼，接著就倒頭呼呼大睡。

直到隔天記者打電話給他，才知道世界改變了。他看到臉書瞬間有兩千多人要加好友，還有許多人留言打氣，更有不少人要預訂他的鳳梨，鳳梨還沒收成，就已經賣光了。

在這之前，他是一個世俗眼光下一事無成的魯蛇（loser）。國中還沒畢業就離家唸書，台南一中畢業後，考上成大，大二就被退學。他想離開台南，到台北生活，重考考上台藝大，念了兩年也休學了，學歷只有高中畢業。為了養活自己，他四處打工，當過人體模特兒、藥物實驗者，也去工廠打工，因為無法專注在生產線做重複的工作，一週之後就被解雇。

他陸續做過大約二十種工作，不知道人生要什麼，但確定不要呆板固定的生活，只能透過不斷嘗試與選擇，用刪去法慢慢釐清自己的人生。

有一次參與一個山林的田野調查計畫，跟隊友一起上山，但一恍神就跌落到二十公尺深的溪谷，他來不及反應，也無法反應，身體硬生生被大地接住，一度以為自己死了。睜開眼，只見藍天與綠樹，心想原來地獄這麼美，隨後又昏迷了過去。

甦醒時已是深夜，隊友一則以喜一則以憂，因為救援直升機三天後才會到。他的命很大，被直昇機救出來，在醫院病床上躺了三週才出院，之後又休養幾個月才康復。

大難不死，還意外獲得十二萬元的保險金，對於生活拮据的他，無疑是天降甘霖。死裡逃生的經驗，反而鼓舞他做更多嘗試，用保險金當旅費去澳洲打工度假一年，做了各種工作，還攔車旅行。最後澳洲之旅只存了二十萬元，但接著又去泰國旅行，逍遙自在。

「就是隨波逐流讓命運去安排，」他說，「我並沒有什麼想法，有什麼好玩有趣的事，我就去嘗試，有什麼工作可以做，我就去做。」

不過現實終究還是得面對。「我是誰，我到底要做什麼？」想家的楊宇帆，內心仍然徬徨。

就在回台灣的前一天，從清邁返回曼谷的火車上，火車單調的搖晃讓他沈沈睡去。他做了夢，夢境非常混亂，卻清楚記得出現小時候跟阿公去鳳梨園的畫面。醒過來之後，覺得非常奇怪，從小就跟嚴肅的阿公並不親，為什麼會在此刻夢到阿公，莫非代表一種暗示或徵兆？「我覺得這是老天爺在告訴我，要我回到家鄉的土地。」

他彷彿得到召喚，回到台南關廟老家，站在阿公休耕十年的鳳梨園上，許諾要種有機鳳梨。

傻人有傻福嗎？運氣早在跌落山谷那次用完了。他根本沒有種過鳳梨，連父親也不會種，朋友也認為他跟以前一樣，講講罷了，最後還是會換工作。他不服氣，又像無頭蒼蠅一樣，四處求助，卻被訕笑，好不容易稍微了解有機種植知識，錢也快用光了，這讓他更不敢跟朋友聚會，想逃避世人的眼光。

更讓他瀕臨崩潰的是，鳳梨要一年半才能收成，「我晚上咒罵阿公，為什麼會夢到你？如果知道鳳梨要種一年半才能賺到錢，我就不種鳳梨了。」為何會走上這條路？楊宇帆充滿疑惑，但沒有退路了。他只能在部落格記錄自己的種田過程，還得四處打工賺生活費。「種鳳梨本身是件好事，但我真的不知道未來在哪？」他說。

政府以最低工資補助青年返鄉務農的計畫，或許可以解決他的燃眉之急，但他知道這個計畫不能解決問題，才決定寫下〈親愛的英九，聽我說說話，好嗎？〉表達心聲。

沒想到，這封信竟歪打正著，讓自稱「鳳梨王子」、「關廟劉德華」的楊宇帆瞬間爆紅。上報紙頭版，被各個媒體報導，上政論節目，擁有高人氣，更賣光鳳梨，成為青年返鄉務農的代言人，「如果知道會爆紅，我的鳳梨就應該種多一點。」

意外爆紅的代價，卻讓他陷入無法控制的混亂局面。當時正值選舉熱潮，國民黨、民進黨與親民黨都找他站台，每個人都說要幫他，甚至還有台商出錢，邀請他去中國。宴席上，只有他一個年輕人，酒酣耳熱之際，有人誇獎他，「他是可以直接跟馬英九對話的。」

他參加反媒體壟斷遊行時，被鼓動上前導車講話，他大聲評論時事，現場歡聲雷動，他沈浸在那種被簇擁的感覺中，興奮到有點飄飄然。

在人群中情緒亢奮，夜深人靜時，內心卻充滿疑惑。「那陣子我有大頭病，麥克風讓你迷失，講話會有人聽，但只是打嘴砲，」他決定還是回歸田園，老老實實種鳳梨，「我覺得空虛，深入思考問題在哪？我告訴大家農業有希望，但實際上我還沒賺到錢，要從理想性回到現實面，賺錢很重要，要做出產量與產值才行。」

意外的好運，讓他被別人看見，但接下來才是真正的挑戰。父親跟弟弟也加入這個團隊，他們一起學習更深入的農業知識，還把種植面積擴大，楊宇帆同時投入行銷，與更多客戶溝通

「楊宇帆是踩到狗屎運，剛好搭到食安問題，才讓更多人重視有機水果的重要性。」楊宇帆的父親綁著馬尾，講話風趣又直接。

但是他嘗試用戲謔搞笑的方式去呈現農業辛酸的時候，有一些前輩不太能接受，認為他把農業表現得太歡樂，沒有呈現辛苦悲情的那一面。「農業從來都不可憐，可憐的是務農的人覺得自己可憐。」他反而想換個角度來思考農業的價值，吸引更多人關注。

楊宇帆曾遇到一位住在台中的有錢客戶，每次都跟他採購大量鳳梨，電話中這位阿姨總是跟他聊得很愉快，email帳號名稱是保時捷（Porsche）。但當他利用假期到台中拜訪對方時，才知道阿姨前陣子自殺了，還留下兩個小孩。

他想起那位阿姨曾告訴他，「我們都很喜歡你寫的東西喔，要繼續寫下去讓我們開心。」

他領悟到人生快樂與否，跟金錢無關，而是如何過得有趣開心，也許阿姨就曾透過買鳳梨的交流，得到一些樂趣。他決定繼續堅持無厘頭、歡樂搞笑的行銷方式，不要訴諸悲情。

這個思考角度帶來更多機會，讓他跟其他農業達人有所不同。平常他跟八十多歲阿嬤的相處都非常活潑有趣，於是他乾脆把阿嬤的生活跟時事連結，例如擺出「阿帕契姐」姿勢拍照，睡覺時臉上擺鳳梨，一起挖鼻孔，甚至讓她戴墨鏡徵老伴，吸引許多臉友關注。這種獨創的「阿嬤經濟學」，讓鳳梨跟鳳梨乾的銷售都有好成績。

後來阿嬤過世了，楊宇帆心情雖然難過，還是在臉書貼出阿嬤生前躺在病床上的搞笑照片，悼念文字讓人又哭又笑，也讓人不捨——他是一個真性情的大男孩。

他依然關心時事、參與時事。例如三一八太陽花學運時，他擔心學生沒有吃水果，親自載鳳梨到現場請學生吃，引來警察到他台南的家中巡查，他寫在臉書上，引發更多關注與話題。也有客人反對他支持柯P，決定退貨，他也公開兩人的書信往來，堅持自己的立場。每次的舉動，都引來大量的關注與討論。

他開始對年輕農友傳授種植與行銷經驗，甚至成立一個銷售平台，幫農友架網站、賣商品。「把我很幸運得到的資源分享出去，比在臉書評論打嘴炮有意思多了，寧可做小小的事情，扎扎實實幫助身邊的人。」楊宇帆跟父親一起看著眼前的鳳梨田，難得一臉正經。

「親愛的英九，你種過田嗎？或許有，但你肯定沒有陪伴過作物生長，我們這群新農人就像是你栽種下去的作物，期待你多花點時間去營造一個良好的環境，完整的產業結構，不用農藥，不用化學肥料，給我們時間，到時自然就會產出甜美的果實，我們還年輕，可以等。」

當年那封信結尾之前的這段話，現在看來，其實是楊宇帆寫給自己的。一場遊戲一場夢，他遠離家鄉，繞了一大圈，最後還是重返家園，重新發現了自己。

發現商數，找到新大陸的哥倫布效應

楊宇帆的故事，很像《海底總動員2：多莉去哪兒》的主角多莉。患有短期失憶症的多莉，個性迷糊樂觀，但經常被人看輕，最後也失去自信。有一天她突然想起爸爸媽媽，決定回到出生地找尋失散的家人，旅程中，短期失憶症的毛病讓她吃足苦頭，引發很多驚險歷程，但是她仍積極嘗試，最後找到父母，也重獲自信。

「最好的事情，都是碰巧發生的，那就是人生。」多莉在劇中說。

原本是漂泊不定、沒有人生方向的魯蛇，無意間夢到阿公，楊宇帆決定返鄉種田，又寫信給馬英九反對農業政策，歷經起伏波折，終於用心耕耘有機鳳梨。除了樂觀風趣，也積極參與公共事務，創造屬於自己的天地。

如果沒有一連串誤打誤撞，楊宇帆現在可能還在四處打工，找不到人生方向。改變現狀的關鍵就是行動，先專注做一件過去不曾做的事情——返鄉種鳳梨——累積實務經驗之後，對返鄉務農有自己的看法，才能寫出風趣又深入的文章，讓大家驚豔重視。此外，投入學運，送鳳梨給太陽花學運的學生，自創阿嬤經濟學的搞笑行銷，都是讓外界跌破眼鏡的舉動。

這一些舉動照常理來說都是不太可行又無厘頭，但是返鄉種田開啟了新契機，再加上寫信給馬英九瞬間爆紅，一切就像板塊彼此摩擦擠壓的造山運動，撞擊出意想不到的空間，楊宇帆從中「發現」了改變的機會，同時又積極調整方向，努力前進。

LinkedIn創辦人雷德．霍夫曼（Reid Hoffman）在《自創思維》（*The Start-up of You*）寫著：「當你做了某件事以後，就像攪動了一鍋湯，讓看似隨機的人事物碰撞出新的組合和機會。當你動起來的時候，你是在編織一張又寬又高的網，以捕捉朝你而來的巧妙機運。」

人生是少數幾個關鍵事件組合而成，只是在當下，很難發現那些幽微不起眼的事件，竟會帶來無比強烈的影響。有人意識到、捕捉到，進而創造人生巔峰，但有人卻渾渾噩噩，一事無成。

人生況且如此，最重視創新的科技發明領域，更多創新成就是無心插柳、歪打正著的結果。《發明學，改變世界》（*Inventology*）指出，二〇〇五年，歐洲學者研究數千位發明家，大約有一半的人說，他們的創新突破始於意料之外的驚奇，或未刻意追求的發現。「在知識疆界的最前沿，一切浩瀚未知，許多現象背後原因處處謎團，而在最具挑戰性和令人振奮的研究領域，機遇和偶然越是扮演更大的角色。」

像十五世紀發明活字印刷術、改變全世界的古騰堡，曾花時間學習釀酒技術，研究葡萄旋壓機。在他發明印刷機之前，印刷關鍵要素——活字、油墨、指針與壓印器——都已是既有技術，如果他沒有學習釀酒技術，能夠借用旋壓機原理應用在印刷機，就沒有偉大的創新。

我形容這種歪打正著的結果是「哥倫布效應」。哥倫布要找尋印度，沒想到卻發現美洲大陸，終其一生都不知道自己找錯了，真正的印度根本不在哪裡，但是大膽的冒險行動，卻真的發現了新大陸，改變了世界，改寫了歷史。

歪打正著是運氣、機遇與巧合的結果，沒有人喜歡意外，都喜歡依照經驗、計劃行事，但是時間、空間與人世間種種變數，讓計畫往往不如變化。意料之外的錯誤或失敗，雖然不一定能將我們帶往「正確」的道路，但是卻可能開啟另外的歧路。

有時候，歧路才是真正的道路。岔路的出現，會讓習慣反思且好奇的人，反思原本的假設是否有問題，在錯誤邊緣追尋探索，一直到無意間發現真正的創新方向。

或許有人會問，既然環境充滿意外、巧合與變異的機會，為什麼創新還是這麼稀有？因為每個人所知有限，但環境複雜多變，我們太想成功，導致很怕犯錯，即使出錯，也不願意承認。在認錯太難，犯錯又太容易的矛盾中，寧願保守，安於現狀，而不願冒險。

然而創新的差異就在於看待「錯誤」的心態。是錯誤，還是嘗試？是失敗，還是提示？

管理學者肯特（Rosabeth Moss Kanter）在《哈佛商業評論》一篇標題為〈意外狀況是新常態；韌性是新技能〉的文章中，說明成功者與失敗者的區別在於，他們如何處理失敗，「沒有人能完全避免碰到困境，潛在的陷阱無處不在，所以真正的技能，是要能脫離困境，以及反彈回來的韌性或復原力（resilience）。」

不過這種處理失敗的韌性只是基本條件，還要加上積極「發現」的眼光，才能解讀意外巧合的意義，發掘其中的價值，採取進一步行動。

管理學者克里斯汀生（Clayton Christensen）在《創新者的DNA》（*The Innovator's DNA*）提到，創新者與眾不同的創新構想，源自「發現商數」（discovery quotient，簡稱DQ），也就是五個發現技巧的運用能力，包括疑問、觀察、社交、實驗與聯想；也就是能提出疑問，觀察周遭世界，有多樣化人脈，不斷嘗試新體驗、新構想，最後能將非相關領域的問題與構想連結起來。

根據克里斯汀生的深度訪談，所有傑出創新創業家，很少同時具備這五種能力，但是普遍具有聯想力與疑問力。他也發現，大部分企業高階主管的DQ都不高，他們擅於執行，具有分析、規劃、細節導向與有紀律的執行力。在公司穩定階段，需要執行力強的主管，但是當公司日漸成熟、甚至走下坡，需要導入新的成長事業時，就需要具有發現技巧的團隊。

回到個人層面來說，成為一個發現者，才有機會創造讓自己發揮的空間，才能與時俱進，不被環境淘汰。

「創業家的情境，跟現在我們每個人經營職涯面臨的情境很類似。你永遠不知道接下來會發生什麼事，投注在任何單一工作的時間正在縮減，需要隨時調整應變，」《自創思維》提到，「我們都在曲折中打造人生。絕大多數的公司，並非執行單一個人的總體計劃就能成功，而是經歷一再地顛簸、幾次瀕危的經驗，還有許多調整才能漸入佳境。」

楊宇帆是一位具有高ＤＱ的發現者。他長年打工的多樣化體驗，讓他儘管面對困境，依然韌性十足，樂觀以待。意外爆紅之後，雖然短暫迷失，卻能深自反省，實地了解各種顧客的需求，善用網路的創意行銷，並靜下心來，從事農業種植的扎根，才真正走向成功。

身為一個發現者，即使身處困境與不確定的狀況，最後總能找到屬於自己的新大陸。

既是Boss又是Lady，貼身私密的好姐妹商機

柔和的燈光，鮮豔的黃色沙發，寬闊的空間，茶几上擺著蠟燭，這裡就像一個明星登台前的休息室。牆邊是一長排的抽屜，打開一看，裡頭整齊擺放著多色多樣的內衣。

這個華麗的空間，其實是女性內衣的試衣間。

Karen梁是一位女性創業者，身材高挑、充滿活力、說話中氣十足，在眾多大品牌環伺下，她領導八人團隊，透過電子商務，開創一個具有高人氣的平價女性內衣品牌「BossLady薄蕾絲嚴選」。這個品牌火紅到香港、馬來西亞觀光客來台的第一站，就是到「BossLady薄蕾絲嚴選」試穿內衣，現場再用網路下單，將產品送到飯店。

一開始，Karen只是一個平面設計師，根本不懂內衣產業，只會接案養活

自己，內心不免有些騷動徬徨，總想著人生還有什麼可能性？

她是高雄人，父親早逝，得自力更生，學生時代就一直打工、接設計案。曾經過年在市場擺攤賣春聯，跟其他老攤位相比，她的位置很裡面而且年紀最輕，但生意反而最好。擺攤三年後，同行都要求她不要在這裡擺攤。

為什麼？她會主動站在攤位外跟客人溝通，說明自己的特色，詢問客人地需求，是住家要用？還是要做生意？其他攤位都被動等客人上門，結果客人全部停在她的攤位，不會去其他攤位。

因為被排擠，她改去公園賣春聯，一堆晨起運動的阿姨跟她買，一下子就搶光了，工作一週，就賺了三萬，能夠支付學費。

主動積極的個性，經常化不可能為可能。念五專時，全班集結每個人的畢業製作，出版了一本書，在校慶擺攤銷售。輪到她顧攤位時，看到桌上只擺一本書，不禁想問其他書呢？同學卻說不會有人買學生製作的書，放一本就好。

她不想枯坐等待，拿著書走出去，逢人就自我介紹，強調這本書的主題與特色，兩個小時就賣出十五本書。

大學畢業之後，一直坐在電腦前做設計，無法跟人互動，且她回顧過往，雖然忙碌於打工與接設計案，卻沒有成就任何事，這些都使她陷入低潮。

為了改變自己，她決定換個環境，從高雄搬到台中從事賣網站軟體的業務，半年後加入一家網路設計公司，除了負責設計網頁，也要會行銷，很快就晉升為主管。

NG內衣的啟示

這家網路公司在營運管理上有問題，業績始終不振，剛好老闆的朋友是一家內衣代工廠，正在銷售一件五十九元的NG內衣（有瑕疵的產品，例如有線頭與棉絮），網路公司也以網路行銷來協助宣傳。但沒想到，網路公司最後將股份賣給內衣公司，Karen就成為內衣公司的網路行銷主管，就這樣誤打誤撞，進入了內衣產業。

由於主打NG內衣，利潤不高，除了便宜，也沒有附加價值。Karen認為這不是長久之計，建議老闆要有品牌概念，才能提高價值，但老闆是代工心態，並不想改變。

Karen並不懂內衣產業，該如何提升品牌價值？她思考很久，覺得還是要從基礎做起，得先徹底了解內衣。當時部落格開始流行，她注意到沒有人針對內衣使用者寫使用心得，如果變成部落格內衣達人，說不定能幫老闆拓展業績，也能提升自己的知名度。

要如何寫得深入又實用？只有成為專業使用者才行。當時薪水才三萬多，她一咬牙，毅然決定買各種品牌的內衣來試穿，再認真寫使用心得。由於內衣並不便宜，除了生活開銷，每個月的收入幾乎都花在買內衣。

此時，一位攝影師朋友無意間提到，她穿內衣的胸型會很好看，建議Karen可以當他的內衣模特兒。她的男友先跳出來反對，她卻得到靈感，原來自己的身材不錯，可以當內衣模特兒，她學過攝影，又會設計，文筆也不錯，自拍自寫，應該很有意思。「光是想到會有內衣廠商找我，甚至可以在網路上賣自己喜歡的內衣，那兩天就興奮到無法入睡，」Karen笑著說。

因為個性不合，加上反對她自拍內衣照，Karen決定跟男友分手，全心投入內衣部落格的經營。她白天上班，晚上寫文章，假日利用買內衣的過程，訪問內衣專櫃的櫃姐，每週發表一篇部落文。

男性關注，瞬間爆紅

儘管部落格逐漸有流量與人氣，卻幾乎都是男性網友留言，預期的女性網友卻很冷淡。她正煩惱該怎麼辦？一個電視媒體突然要採訪她，才知道有人截取她的內衣圖，放在PTT的情色版，引發網友大量討論與轉分享，連媒體都注意到她的部落格。

為了隱藏身分，她決定戴面具上電視，接著蘋果日報也用半版篇幅採訪她，為了製造吸引力，報紙甚至要求她穿西裝、露出內衣拍照。蘋果日報的效應，讓更多媒體也跟進報導。最後，出版社也來了，希望幫她出書。

真的是無心插柳柳成蔭，原本設定跟女性內衣使用者溝通，沒想到引來男性的情色聯想，繼而吸引媒體報導，竟然還有機會成為作家。Karen沒想到機會來得又快又意外，超越原本的想像。

她慎重考慮離職，到台北發展，也專心寫書，並期待各種榮華富貴相繼上門。沒想到她的老闆看到壹週刊報導，一眼就認出她，急著找她深談，希望合作創立內衣品牌。

Karen拒絕老闆的提議，決定自己單飛闖蕩。「太多機會我抓不住，不知道選什麼，得先弄清楚我在做什麼，才知道方向在哪裡。」Karen說，要先抓到眼前當作家的機會，再決定下一步的發展。

她在台北租了一間小套房，專心寫書，其間也遇到網路公司，甚至知名製作人想簽下她，成為旗下藝人，塑造成各大談話性節目的內衣達人，卻被她婉拒。「我不想成為一個被綁著定型的藝人，我想嘗試不同的機會。」她說。

內衣達人的書順利出版，加上媒體推波助瀾，她開始在網路上團購內衣，一切如火箭蓄勢待發。

沒想到事與願違，書的銷量普通，沒有掀起什麼風潮與話題；內衣團購利潤少，大內衣品牌公司雖然請她推薦，卻也提出很多限制，難有發揮空間。

「怎麼跟我想的不一樣？」她無法面對這個事實，只能躲在自己的小套房療傷，看到存摺的數字日益變少，不知未來何去何從。她開始後悔，為什麼要來台北，讓自己沒有退路？難道要重操舊業，變成接案設計師嗎？

意外發現女性的貼身秘密

她無意間注意到一個現象，儘管女性網友沒有積極參與團購內衣，卻有不少人留言，希望能請她陪伴買內衣。她無法理解，買內衣是很個人私密的事情，為什麼希望她參與？而且她只知道自己的胸型，又不了解別人的狀況，能幫上什麼忙？

不過反正閒著沒事，她就陪幾位網友買內衣，經過現場實地了解，終於發現許多女生都有試穿內衣困擾，且試穿過程充滿壓力。例如櫃姐會碰觸她們的胸部，幫她們「喬」內衣，有時服務態度不好，如果不買，還會遭白眼。即使櫃姐用「手撥」的方式，幫她們把胸型調整到最好的樣子，回到家自己卻無法撥出一樣的形狀，反而更令人沮喪。

「她們需要能夠信任的專家來幫忙，就像好姐妹去逛街一樣，能給予真誠的意見，」Karen領悟到這層意涵。

「像好姐妹去逛街！」這個想法點醒Karen，她過去只強調自己的經驗以及知識，卻忽略了使用者的痛點與需求。這一轉念，她更願意協助網友試穿內衣，而且將試穿心得與感想拍成影片，放在部落格上，呈現真實狀況，引發大家的關注與討論，讓她的部落格人氣越來越高。

另外，櫃姐們也很歡迎Karen帶客人上門，因為客人總會採購好幾千元的內衣，櫃姐們也更樂於和她分享內衣知識。

這半年來她都利用週末假日幫忙網友試穿內衣，看過數十個胸部胸型，累積了不少經驗，還將問題與穿戴方式分類，「從只懂自己，一直到了解更多人之後，就會變成專家了。」

Karen變成真正的內衣達人了，同時也發現了商機。她需要打造一個內衣品牌，能為女性帶來安全感與信任感，還能找到符合自己身材尺寸的內衣，而非用自己的身體去適應不合身的內衣。

她躲在小套房拼命思考，整理出商業模式，但是沒有資金，偉大構想仍無法付諸實現。

此時，一位朋友為了激勵她，寄了一篇勵志文章給她，她看完文章，卻注意到一個重點。這篇文章報導創投名人林之晨的故事，內容提到他開辦創業育成種子計畫，會培訓創業者的技能，同時會有創投資金投資的機會。

這是一個夢寐以求的創業機會，她立刻報名。面試時，林之晨聽她分析創業計畫，「你的商業模式很特別，」他問，「你的團隊呢，有沒有工程師？」

「就我一個人。」Karen回答。

林之晨非常驚訝，但仍大膽錄取她，還付半年薪水支持她。經過半年的培訓與磨練，她的提案簡報，成為該梯育成計劃唯一被創投投資的人。創投支持她的原因，不只是商業模式有獲利潛力，還在於她跟網友像好姐妹般的信任感。

經過初期市場測試，她決定不賣各品牌的內衣，因為會有互相競爭的問題。她想自己既然學設計，又深入了解使用者需求，為什麼不自己設計呢？但是她不懂內衣材質，便想到台中的內衣代工廠老闆，決定回過頭找他合作。她負責研發、設計與行銷；內衣工廠老闆負責布料與製造，彼此相輔相成。

她成立「BossLady薄蕾絲嚴選」品牌，每款內衣有三個顏色，每個顏色都有十二種尺寸，更細緻地符合人體需求。此外透過電子商務下單配送，能夠節省實體通路成本，價位比大品牌更平價，造型更活潑多元，利潤也相對較好。

Karen的團隊，幾乎都是「BossLady薄蕾絲嚴選」原本的愛用者，還有一位內衣品牌設計師主動上門求職。這位設計師過去都是關在工廠裡、接受公司指令設計內衣，無法了解顧客需求與使用狀況，她希望能設計出符合女性需求的內衣。Karen決定先讓她負責行銷，進行跨部門溝通，懂得從顧客角度思考，最後才能成為一位貼心的內衣設計師。

除了產品設計與電子商務，Karen更重視體驗。她在辦公室設置一個溫馨的試穿空間，客人來此可以找她們協助，也能單獨參考試衣間的影片示範教學，安心試穿，再透過網路下單選購。

最近遇到一組香港來的客人，先到飯店辦好入住手續，馬上就來試穿內衣。「香港內衣櫃姐很兇啊！」原來這是女性不分國籍的共同心聲。

創業五年來，她不但學會管理、財務、程式設計，還能笑談創業歷程，跟五年前躲在小套房的失意者截然不同，成為一位真正的Boss Lady。

「朋友說我貴人好多，但如果貴人在你面前出現，不會爭取運用，他們最後也會離開。」Karen也許不知道，她才是大家的貴人。

不同凡行，撞出不同凡想

Karen沒有多前瞻的視野，一路走來，停停走走，迂迴轉進，卻能從一位設計師，變成一位內衣品牌的創業者，擁有設計、行銷、管理、客戶服務到電子商務的能力，她很謙虛地說自己還是很迷糊，很多能力有待學習培養。

但她具有獨特的發現之眼。她發現了消費者的需求，市場缺口，進而創造新的商業模式，建立如姐妹般的品牌信賴感。雖然從發現到實踐的過程，充滿逆境與挑戰，九死一生，卻憑著積極與韌性，成就自己的事業。

她的能力不是天生的，而是隨著環境挑戰變化，一層一層磨練出來，不斷演化而成。

演化生物學家古爾德（Stephen Jay Gould）提出了「功能變異」的概念，意思是原本為了特定用途演化出來的生物性狀，意外出現一些特性，轉化成完全不同的功能。例如鳥類羽毛，最初是為了調節體溫而演化出來，讓白堊紀時期不會飛的恐龍禦寒，但是因為外在環境發生變化，牠們的後代始祖鳥在嘗試飛行時，學會控制翅膀表面的氣流，竟意外能翱翔天空。

《創意從何而來》（*Where Good Ideas Come From*）這本書研究創新的自然史，強調突變、錯誤與巧合效應帶來的意外效果，產生新的功能變異，作者指出這種功能變異的狀況，也是人類創造史的特色。

相對既有環境下的常態，功能變異是與現狀不合的變態，跟我們既有認知與經驗相違背，導致我們容易忽略這種異常狀況，然而創新的密碼就隱藏在其中，只是我們沒有去關注、追索並了解原因與脈絡。

如果功能變異能夠適應突然改變的環境，就會隨著環境隨機變化，不斷修正與發展，最後取代原有功能，成為主導力量。

這不就是創新嗎？不一定要具有多麼前瞻的未來透視眼，只要擁有發現的能力，就有改變現狀的機會。

克里斯汀生在《創新者的ＤＮＡ》強調，創造力不是與生俱來的稟賦，可以不斷精進與熟練。他調查，這些企業創辦人花在發現活動（疑問、觀察、實驗與社交）上的時間，比一般公司執行長多出五〇％以上。「創新者必須一貫地不同凡行，才能夠不同凡想。」

他的意思是，關於創造與發現，行動先於思考，必須走出去，仔細觀察環境，跟眾人交流討論，嘗試錯誤，才有創造聯想的能力。

傳統思考上，我們總以為，一定得找到一個完美、一勞永逸的解決方案，但是現實狀態充滿複雜變數，經常超越我們的能力與認知，就算發現不符預期的異常狀況，也容易忽略。

例如這麼私密的試穿內衣行為，為什麼女性網友會希望Karen陪伴？Karen大可不予理會，但是她透過實際觀察、溝通與協助，洞察到女性內衣消費的潛在需求，才找到市場切入點，如果不是她長期耕耘部落格的內衣專業，怎麼會取得網友的信任？

發現顧客的潛在需求，就是一種功能變異，接下來是如何將這個異常現象轉化成市場接受、認可的商業模式。機會出現了，再來就是藉由實驗改進，強化各種能力，天時、地利、人和，三者齊全，就能演化出翱翔天際、超越現有競爭的能力。

一切的開始，都是歪打正著，不同凡行，意外撞出不同凡想。

我們不一定是楊宇帆，也非Karen梁，但是我們都能培養DQ。方法就是把人生或職涯看成演化，願意嘗試不一樣的工作，學習不一樣的能力，接受變異，包容變異，因為變異可能就是一個改變的跳板，只是我們往往身在其中而不自知。

我們可以先檢視如何分配自己的工作時間，例如分成發現、執行兩大塊，發現類別是運用發現五大技巧在創新發展的狀態，執行類別是在既有工作上的分析、規劃、執行。

我們可以自我檢視，每週運用在發現與執行時間比例，如果從事發現的時間比例在五〇%以上，就有助於創新工作與創造機會。萬一執行時間超過一半，就必須自我警惕，增加投入發現的比重，刺激與提升自己的DQ。

演化不是一蹴可及，而是隨著時間演進，我們可以用日常工作的一部分時間，例如二〇％，去嘗試與體驗，看到跟自己觀點不同的人事物，不要先主觀下判斷，而是深入了解原因，發現有趣的觀點，開拓自己的視野。

接著用實驗精神多方嘗試，說服自己，錯誤是正常的，因為錯誤讓我們可以換角度重新認識這個世界，更能從錯誤中反省學習，提升自己的變異能力。甚至連迷路也是一種樂趣，一種探索未來的樂趣。

小說家巴思說：「您無法循著某條航線直接抵達『巧合』，您必須誠心誠意地往其他地方出發，然後湊巧地迷失方向。」

最後，我們會找到自己，一個全新的自己，成為具有獨特視野的發現者。

摘要回顧：本章技巧提要

Discovery——歪打正著，意料之外的發現

最好的事情，都是碰巧發生的，那就是人生。

- 有時候，歧路才是真正的道路。岔路的出現，可以讓我們反思原本的假設是否有問題，在錯誤邊緣追尋探索，發現真正的創新方向。
- 成功者與失敗者的區別在於如何處理失敗，沒有人能完全避免碰到困境，所以真正的技能，是要能脫離困境，以及可以反彈回來的韌性或復原力。再加上積極「發現」的眼光，才能解讀意外事故的意義，發掘其中的價值，採取進一步行動。
- 強化「發現商數」的五種技巧，也就是學習提出疑問，觀察周遭世界，建立有多樣化人脈，不斷嘗試新體驗，連結非相關領域的問題與構想，能幫助我們創造讓自己發揮的空間，與時俱進，不被環境淘汰。
- 人的許多能力並不是天生擁有，而是隨著環境挑戰變化，一層一層磨練出來，不斷演化而成，就像演化生物學上的「功能變異」。然而相對既有環境下的常

態，功能變異是與現狀不合的變態，跟我們既有認知與經驗相違背，導致我們容易忽略這種異常狀況，但創新的密碼經常就隱藏在其中，等著我們去關注、追索並了解原因與脈絡。

- 傳統思考上，我們總以為，一定得找到一個完美、一勞永逸的解決方案，但是現實狀態充滿複雜變數，經常超越我們的能力與認知，在這種狀況下，不妨讓行動先於思考，先走出去，仔細觀察環境，跟眾人交流討論，嘗試錯誤，進而產生創造聯想。

CHAPTER

4

耕耘多元的人脈植物園

（Diversity）

創意來自不期而遇的碰撞、隨機發生的討論。你碰到一個人，問他最近忙什麼，結果你突然會說「哇」，然後很快就開始出現各種不同的想法。

——賈伯斯，引自《賈伯斯傳》（*Steve Jobs*）

弱連結帶來的好運

有一天，我在勤美企業旗下，由勤美璞真文化藝術基金會經營的真書軒（這是在豪宅裡的書店）開會，離開前，聽到有人叫「洪老師」，回頭一看，是曾經上過我的「說故事工作坊」的學員慧玲，她正對我微笑。「你怎麼會在這裡？」我很意外。

慧玲說，她剛到真書軒上班，「是惠貞介紹我來的。」

「惠貞？」記得慧玲才剛大學畢業，怎麼認識惠貞，且這麼快就找到工作？

幾天後，遇到老友李惠貞，提到這件事，才知道慧玲的新工作如何產生。

一切都是意外的巧合。慧玲因為朋友的推薦來上我的課程，一方面學習怎麼說故事，另一方面也想找尋畢業後的下一步。慧玲在課程上表現得很積極大方，會舉手發問、回答問題，也能侃侃而談。

惠貞是設計生活雜誌《Shopping Design》前任總編輯，離開雜誌工作之後，創辦推廣閱讀的「獨角獸計畫」。這是一個以各種創新、有趣的方式，重新讓人理解閱讀本質的實驗性計畫，目的是「培養閱讀者」。

獨角獸計畫的第一項活動，惠貞會根據每一場參與者的背景（年紀、工作、閱讀習慣等），透過小團體制，設計兩到三個小單元，引導大家現場選書、讀書、分享心得，藉此認識一間書店，並體會閱讀的樂趣。

為了支持惠貞的創新計畫，我在臉書上分享，希望增加人氣。慧玲喜歡閱讀，看到我的分享，也很好奇，就報名第一場活動。

在活動當中，她的表達跟想法都很清楚。活動後惠貞請每人選一本當天分享的書，簡短寫一兩句推薦，從這麼小的事情中，慧玲的條理讓惠貞留下深刻的印象。

「我覺得現在找人非常困難。雖然還不知道未來會有什麼機緣，但好的人才我會自動先存在腦海中的資料庫。」惠貞說。

於是當真書軒需要一名書店正職員工時，惠貞就推薦了即將畢業、正準備找工作的慧玲。

至於真書軒怎麼會透過惠貞來徵才呢?這是另一段機緣。

先從阿拉斯加的極光之旅講起。問個問題,你所想過最有創意的離職宣言會是什麼形式?

惠貞選擇在美國阿拉斯加看極光的旅程中,錄下離職感言影片,並在臉書公布。這個驚人之舉讓人羨慕又好奇,後來才知道,原來她離職的決定早在年前就已向老闆提出,待公事、人事一切抵定(兩個月後)才公開,並選擇在早已規畫好的旅程中,以個人記者會方式向工作上的朋友們說明。

極光之旅是跟著極光蹤跡探索,不是每次都能看到,充滿不確定性。惠貞過去到大學演講時,總會舉自己的例子,沒考上美術系,選擇了廣告系,沒想到在廣告界只待了兩年,此後二十多年的工作生涯全在出版,甚至還曾創立一家小出版社。幾年後小出版社難以維繫而結束營業，意外進入雜誌界接任總編輯，而且還是自己很陌生的設計雜誌。她原本因沒自信而婉拒，和社長幾番溝通往返後，才決定接此重任。

「結果這應該是我人生中所做過最好的決定之一。」惠貞說。

這些碰撞過程中，她努力學習媒體的定義、對設計和生活的詮釋以及雜誌的邏輯，不足的，就以過去出版界的企劃及編輯經驗來補上。附帶一提，惠貞是二〇一六年金鼎獎雜誌類個人獎「主編獎」得主。

「我在大學的時候，能想像未來有一天會當設計雜誌總編輯嗎？不可能想得到的。想像不到的事，要如何準備呢？那麼你說，我念廣告對現在的工作有沒有幫助？絕對有幫助。所以，同學們不用擔心現在學的東西有沒有用，唯一重要的是，任何可以學習的機會就好好去學，最後一定都會有幫助。」這是她一路走來的感想。

極光之旅結束後，交接完雜誌總編輯的工作，她又跑去環島。這次的旅程不像追尋極光有個目標，反而十分隨興，就是環島拜訪朋友，不少接待她的朋友，都是不曾謀面的臉書朋友。

原本只是想很輕鬆隨性地放空，沒想到這二十五天的旅程卻非常緊湊，在地朋友熱情接待，端出拿手精華內容，讓她親身體會台灣各地不同的生活方式，增廣生活的想像力。「每趟都有出乎意料的邂逅，很新鮮。出發前我就告訴自己，這趟要帶著開放的心，不試圖掌控和做太多計劃，朋友有什麼安排，我都盡可能體驗。」她說。

環島之旅結束後，她一個人發起獨角獸計畫，親身推動閱讀的樂趣及重要性。事實上這也是她決定離職的原因，她觀察到目前出版及雜誌界的困境，明白自己最想推廣的是創新閱讀活動，原以為這需要長期耕耘，沒想到在台灣各地都有不少支持者願意參與，增加她的信心。

勤美璞真基金會執行長何承育看到獨角獸計畫的發展，又因為跟惠貞是舊識，便邀請惠貞到大安森林公園對面的真書軒來舉辦活動，但因當時真書軒主要還是一個餐飲及展覽空間，書的部分並沒有經營，因而不適合獨角獸計畫。然而這也促成兩人之後的合作——請惠貞擔任顧問，將真書軒經營成一家真正的書店。

但是真書軒原有的工作人員都是餐飲背景，書店工作還是需要有專職人員負責，執行長請惠貞幫忙物色人選，她立刻想到了慧玲。

透過惠貞的規劃，現在的真書軒已成為一家有自己風格的書店，惠貞增加了書店品牌總監的顧問經驗，慧玲也成為忙碌的職場新鮮人。

如果按照傳統的求職方式，沒有工作經驗的慧玲，得要投很多履歷，等待回覆，接著面試，再等待新工作的出現。慧玲是運氣好嗎？當然是。她上說故事工作坊是為了學習溝通表達，但是她從臉書眾多訊息中，看到我推薦的獨角獸活動，繼而好奇參加，又因為沈穩表現讓惠貞印象深刻，等到惠貞有了工作訊息，才會推薦她。這一連串的連結，都來自好幾個人彼此無意間的溝通或邀請而產生。

慧玲唯一要做的，就是積極、好奇與認真。

泛泛之交有助創意

她只是特例嗎？退一步想，這些連結是怎麼產生的？難道真的是運氣好嗎？我們再仔細想想自己人生中幾個重要轉折，例如獲得重要的工作、跳槽與創業，甚至是命運的重大轉變，往往來自偶然認識的人或泛泛之交提供的訊息，而非來自很親近的家人、好友與同事。

社會學家格蘭諾維特（Mark Granovetter）就指出，在我們的職涯轉捩點，泛泛之交的弱連結（weak tie），往往比強連結（strong tie，親近的親友）

更有幫助。因為我們的舒適圈彼此都認識，得到的資訊都差不多，但是偶然相遇的人、朋友的朋友、不常聯繫的人往往擁有我們不知道的訊息，有助於求職或獲得新知、機會與創新。

好運來自偶然產生的弱連結。如果一個人周圍有許多弱連結，能不斷對外溝通，連結資源，他的訊息、情報與機會就會源源不絕，也可能有較高的創新能力。我們可以檢視自己或是周圍的朋友、同事，有些人總是能夠得到許多好點子，即使遇到問題，也往往都能找到正確的人提供協助，讓問題迎刃而解。

相對地，擁有強連結的人或是組織，特色是內聚力很強，很有執行力，但是創新能量有限，比較偏向守成。而我們天生就傾向維繫強連結，因為在同溫層裡，容易有安全感與認同感。但為了加強人脈、獲取資源，又不得不向外連結。例如古代跟不同部落的聯姻，現代則是各種社團的聯誼、活動，許多經理人也透過ＥＭＢＡ的課程進修，除了學習新知，更想要建立人脈。

傳統人脈學可能重視長袖善舞，增加名片，結交各種人物，但如果一直在同溫層打轉，往往只是強化既有的關係，無法帶來創新改變的機會。

我訪談過幾位念EMBA的朋友，他們的同學感情很好，不是聚餐，就是騎單車出遊，詢問他們念EMBA的心得，大概就是同學感情好，增加人脈，同學的情誼大過上課的效果。我進一步問，有讓你的人生產生什麼改變嗎？例如有助於換工作、創新與創業嗎？通常在想了一會兒之後，他們認為最多就是合作一些活動或業務，但往往不了了之，「好像沒什麼改變。」

目的性太強的人脈結交，往往還是淪為單一性的人脈，容易斤斤計較、患得患失。然而，多樣化的弱連結，有如經營一個植物園，需要多樣化的品種，才能創造豐富的物種與特色，帶來更多意外的驚喜。

要刻意擺脫強連結的牽絆，用開放心胸擁抱多元性，才有可能打造自己的人脈植物園。

陳威宇——讓歌聲自由，也讓人生自由

擔任歌唱聲音教練的陳威宇，並不是教一般歌唱技巧的達人，他會請你張開嘴巴，仔細觀察口咽腔構造，找出每個人的特色，藉著從內而外的引導與練習，讓他們能運用天生的發聲結構，唱出屬於自己的歌聲天賦。

這種教法獨樹一格，包括藝人宇宙人、林依晨、張鈞甯到黃玠瑋、黃建為……還有許多重新復出的歌壇唱將都是他的學生，也擔任中國好聲音、超級星光大道等兩岸選秀選手的歌唱指導。

且他的學生類型很廣泛，除了藝人，也有很大一部分是一般上班族與大學生。他不只是歌唱教練，更扮演釋放壓力的心理醫生。

有位捷運司機，被醫生宣告他不能唱歌，他卻偏偏想試試看，上門找陳威宇求助，經過他的診斷與訓練，這位司機已經能唱出自己的聲音；也有一位竹

科工程師為了求婚告白要唱歌，偏偏不知道怎麼開口，也上門找他幫忙，最後也是如願以償。

然而他一開始並非天生好手，曾被歌唱老師嘲諷，說沒有唱歌天分，不要勉強花時間練習。雖然他始終無法得到歌唱老師認同，但他就是熱愛歌唱，想唱出自己的天地。

他很想透過歌唱獲得老師的認同，每天練唱六到八小時，但並沒有改善，經常哭著上課，因為從老師的眼神看得出，對方只在乎天賦好的學生。

他心想，既然在台灣沒有機會，不如去外面的世界找機會。於是藉著校園歌唱比賽得到的獎金，加上當兵存的錢，一共三十多萬，決定要去大陸找一位歌唱名家盧蘭青拜師學藝。

只不過盧老師的鐘點費一小時要一千塊人民幣，一次要上二十堂課，加上北京人生地不熟，出發前朋友還勸阻他，小心遇到騙子。

看著自己好不容易攢下的學費，心裡對未來感到茫然，陳威宇心想索性賭一把，最多就是錢花光了，再回台灣重新開始。

在盧蘭青指導下，他發現自己過去最大的問題，在於為了要發出最完美的聲音，總想要控制自己的聲音，變成他人的聲音，但每個人聲帶共鳴位置都不一樣，不可能模仿別人。

他一直嘗試找出自己的聲音，有一天做發聲練習時，盧老師從房間走出來，聽到他的聲音，只淡淡說一句：「就是這樣啊。」他找到自己的聲音了，在音量與音質上有很大的進步。

結束半年的學習，回到台灣之後，陳威宇用剩下的十萬元存款，加上台北市青年創業融資貸款，成立「Mr. Voice 陳威宇歌唱教學系統」，開始推廣這種獨特的教學方式。

他過去長期教導的學生，都成為他歌唱教室的學員，但是教室知名度並沒有進一步的突破。

有一次，一位不熟的朋友在News98電台工作，知道他成立歌唱教室，覺得很特別，就安排他上尹乃菁主持的節目。陳威宇在節目現場清唱，示範自己的教學方式，沒想到五月天樂團的製作人陳建良只聽到最後五分鐘的節目內容，就非常感興趣，打電話問他願不願意教藝人唱歌。

陳威宇很興奮，但又不知道陳建良是誰，還先上網查詢確認。他們約在錄音室見面，原來是要委託他教宇宙人樂團的小玉唱歌。因為小玉很害羞，不習慣跟人相處，但陳威宇很敏感又有豐富的教學經驗，經過他耐心地引導，果然有很大的進步。陳建良感到很意外，又推薦其他旗下藝人來學習，這個偶然的相遇，打開陳威宇成為藝人歌唱老師的機會。

他陸續指導三十多位藝人唱歌，其中不乏歌壇唱將，他發現他們因為背負著過多完美的期待，壓力很大，無從釋放，經常哭泣。他以過來人的心情體認到，壓力往往不是外在的身分地位，而是無法意識到自己真正的價值。因此他花時間培訓師資，課程中也找精神科醫師解決情緒障礙，還有劇場專家協助肢體開發，讓聲音與情感有更多結合。

尋尋覓覓、跌跌撞撞好多年，陳威宇才找到自己的專業與志業，創造自己獨特的事業。他讓歌聲自由，也幫助更多人找到人生自由。

天時地利人和——人脈感應者

有兩個關鍵改變陳威宇的現狀。第一是他擺脫既有歌唱領域的強連結，去尋找不一樣的歌唱方式。其次是無意間藉著弱連結上了廣播節目，被五月天製作人發現，開啟他成為兩岸選秀與藝人歌唱指導老師的知名度，也拓展他的歌唱教室事業。

他的人脈連結雖然來自偶然，但是用專業幫助更多人成功，包括重建歌聲與內心的自信，反而讓他獲得更多連結，帶來更多機會。

我們經常提到天時地利人和，天時不可知，地利也受到限制，唯一能掌握的，只有人和。「任何人的命格，都要符合天時地利人和三種力量，即使是相同命盤，地利與人和不同，命運還是不同，」專攻紫微斗數、易經與風水的命理專家李咸陽說，「天時不可變，地利無從選，唯有人和是命運改變最重要的因素。」

人和就是促成成功的人脈。《別自個兒用餐》（*Never Eat Alone*）作者啟斯・法拉利（Keith Ferrazzi）認為，真正的拓展人脈，是想辦法幫助他人更成功。這是一種串聯，持續分享個人知識、資源、時間、朋友與同理心，以便提供他人價值，同時也提升自我的雙贏行為。

不過，要想雙贏，得先想付出，而非算計。職場心理學專家亞當　格蘭特

（Adam Grant）在《給予》（*Give and Take*）將人際互動分成三類，凡事先考量自身利益、而不顧他人需求的「索取者」；重視他人需求，凡事先付出、給予他人協助的「給予者」；以及互相回饋的「互利者」。根據他的研究，社會上最成功的人，幾乎都是給予者，他們能夠創造多贏的局面，造成漣漪效應，讓周遭的人一起成功。

弱連結只是基礎，關鍵在於如何串聯不同弱連結的人脈與資源，以及結合強連結的力量，將人脈力量編織成一張大網，讓自己成為其中的樞紐，截長補短，發揮給予者的力量，帶動更多人創造更好的改變。

社會學家伯特（Ronald Burt）繼承與強化格蘭諾維特的弱連結理論，提出「結構洞」（structural hole）理論。

他認為大多數的人際網絡不像蜘蛛網的綿密，而像化合物形狀的單一。我們傾向形成不同的社交圈，習慣在特定領域圈子累積個人名聲與社會地位，有既定的圈內人行話用語，不同圈子彼此很難交流理解，也導致訊息無法流通。伯特把這種流通性很低的內部訊息稱為「黏滯訊息」，因為黏附在一個地方停滯不動。

不同圈子就是一個封閉結構，這些結構之間產生許多訊息缺口，伯特稱之為結構洞。如果有人能與不同圈子保持密切關係，又能在這些高牆之間扮演橋樑，溝通並傳遞訊息，就能填補結構洞。

根據伯特的研究，如果身處開放的網絡中，薪酬與升遷遠比封閉網絡來得高，也更有機會獲得職場的成功。因為網絡越開放，就越有機會接觸新觀點；反之，網絡越封閉，有一定的潛規則，想法觀點就越偏向一致。

從結構洞的角度，我們要設法知道不同圈子領域的狀況，並適時交流不同的想法與情報，或是介紹不同圈子的人進行溝通互動，才能成為一位好的給予者，填補許多結構上的缺口漏洞。這個過程也能創造自己的價值，甚至成為人脈王。

這樣的人脈王，通常具備敏銳的感應者特質，彷彿有條無形大線能感應到不同社群的需求，藉由他的參與引薦，彼此互通有無，發揮關鍵樞紐的力量。

其實，李咸陽就是一個人脈感應者。

李咸陽——命理人脈王，超級感應者

身材高大、溫文儒雅的李咸陽，身分多元且奇特，唐裝、牛仔褲與西裝，是他三種身分的代表。

一般外界所知，他是一位穿著唐裝的命理大師，上知天文下通地理，能看風水，算紫微斗數、姓名學，還能根據易經，用獨門的「九珠神算」來卜卦。他寫書、寫專欄、有時上電視的談話性節目，內容都是以命理為主。

只有少數人知道，他是一家網站公司「I-Want」的執行長，這時他穿的是牛仔褲，負責幫年輕人實現夢想，甚至也成立娛樂經紀公司，讓許多年輕人能躍上歌壇一展歌喉，台北世大運主題曲〈擁抱世界擁抱你〉，就是他旗下的「I-WANT星勢力」團隊，擔任作詞、作曲與演唱。

更少人知道，李咸陽是企業第二代的接班人，負責經營家族的環保廚餘設備，對外溝通、出席會議，得穿著西裝當戰袍。

他原本就在家族事業工作，但是從小跟外公學習易經以及用圍棋的黑白子卜卦，也跟母親學習紫微斗數。大學時唸中文，研究所念企管碩士，一方面希望可以熟悉企業經營，另一方面也好奇如何用現代化與科學的方式，整理出命理的原理與規則，並重新賦予新意，便於活用。故而他將外公的黑白子卜卦，改良成九珠神算（九顆黑白珠子），藉由摸出珠子的順序與方位，以易經來解釋客人的問題。

李咸陽原本只是玩票，但是朋友圈慢慢傳出口碑，有個年輕人的九珠神算卜卦很精準。

有一次有一家大企業要舉辦元宵節活動，需要擺一個算命攤，但希望是形象清新，不要有負面形象的命理專家來坐鎮。有人推薦了李咸陽，媒體也因為這個活動訪問他，讓他增加不少曝光度。

因為這些曝光，李咸陽每週一次的命理攤位都爆滿，客人總是排長列等待，但也因此造成他的壓力。由於命理是比較私密的溝通，這個活動攤位屬於半開放式，不少客人問他，有沒有可以預約的私密地點，不用排隊，也能保有隱私。

客人的需求啟發他的靈感，原本玩票的命理，也許是一門好生意。李咸陽就在自己的公司整理一個角落，當成他的命理工作室，客人可以事先預約，不用再去現場排隊等候。

當時遇到二〇〇八年金融海嘯，人心徬徨不定，許多命理節目開始盛行，他也成為各個命理節目的來賓，解析股市、分析人生。

我是在離開職場前，透過朋友介紹才認識他（這位朋友也是之前推薦他去企業活動的人），幫我卜卦職涯未來。當時我還在《天下雜誌》工作，剛出版三一九鄉刊物，正在思考人生下一步。有一天，他突然問我，有個氣象專家想了解氣象、農民曆跟台灣三一九鄉的關聯，想請我給點意見。

我心想，農民曆編排得很難看，我不太懂，不知能給什麼好建議。因為是李咸陽的邀請，不好意思推辭，加上我也好奇氣象跟台灣鄉鎮可以怎麼連結，就答應這場邀約。沒想到，這個意外的邀請，竟改變我的人生（詳情可參考我撰寫的《走自己的路，做有故事的人》第四章）。

那場會議讓我發現台灣的農民曆原來有很多錯誤，包括氣象資料、物產，甚至命理內容都沒有與時俱進，所以艱深難懂且不實用。因此我換個角度，提出「國民曆」的概念，讀者是一般國民，而非農民，我負責食材曆與旅遊曆，李咸陽負責命理，氣象博士彭啟明負責氣象曆，並透過設計重新包裝。兩年後，我們三人合寫的《樂活國民曆》，由於有具體的資料根據，改寫節氣與農民曆的意義，出版上市之後，立即成為暢銷書。

但為什麼是李咸陽找我呢？原來他藉由命理與風水，認識很多人脈，除了一般上班族、企業家，還有各種專家。大家在不確定時，總會想找人諮詢卜卦，懂命理、懂企業經營的李咸陽，可以站在不同人的角度與需求，提出命理上的建議。

當時以氣象專業成立「天氣風險公司」的彭啟明，也是李咸陽的命理客戶。有次聊起農民曆跟台灣鄉鎮的連結，李咸陽立即就想到我，也意外促成我們三個人合寫這本《樂活國民曆》的契機。

後來我開始帶團到地方鄉鎮旅行，李咸陽也接受邀請，參與兩次的小旅行。我也陸續介紹幾位在職涯、人生遇到抉擇問題的朋友，去工作室找他卜卦，後來這些朋友也都成為他的朋友。因為他了解他們的狀況與問題，又能適時給予建議，指點迷津，同時低調保密，不窺隱私，讓人信任。

此外，李咸陽自己也募資創業，經營「I-Want」這個半公益性質的網站，希望幫助年輕人透過網路資源實現夢想。我也曾受李咸陽之邀，擔任網站遴選築夢者的評審。

李咸陽也告訴我，參與我規劃帶路的兩趟地方深度旅行，引發他對農業的想像與好奇。他家族經營的環保廚餘機器設備，希望能夠轉型，將廚餘轉化成為有機肥料，再推廣給小農，降低他們的肥料成本，這是一個雙贏的方向。

「我將命理、興趣與經營連結在一起，面對不同產業，我最重視怎麼運用與合作。命理師的身分幫助我建立關係，可以認識各行各業的人。」李咸陽估算，十五年來，他面對的命理客人已經有上萬人了。

「永遠不知道當你被需要時，能力會到哪裡？」過程中，他不只是給予建議，也懂得保密，從中結識更多人，提升自己的視野與能力，知道如何適切地傳遞他人需要的訊息，促成更多有趣的改變。

這是一個很有意思的人脈王，能夠填補結構洞的超級感應者。

捕捉人脈彩券

《紐約時報》曾經刊登過一篇標題為〈消失的黃金入場券〉的文章，報導許多背負高額學貸的法律系畢業生，面臨畢業即失業的問題。

全球許多大學畢業生也同樣面臨這個問題，台灣也是如此，像22K低薪問題，都是這類問題的延伸。一般過往的想法都是好好念書，考取許多證照，考上律師、會計師、醫師等需要專業執照的工作，就是一輩子的穩定工作。

但是現在這些看法都被顛覆了。黃金入場券競爭越來越激烈，即使考取了，也不能保障一輩子，因為外在環境變化難以想像預料。

暢銷書《80／20法則》（*The 80/20 Principle*）系列的作者理查・科克（Richard Koch）在《工作其實不必這麼累》（*The 80/20 Manager*）提出一個紅色彩券與綠色彩券的概念，顛覆我們對於成功途徑的想像，很值得參考。

現實中，彩券中獎率很低，想要提高中獎率的唯一方法，就是買很多彩券。紅色彩券是要花很多時間與金錢才能擁有的彩券，像是得辛苦工作好幾年，或是花時間攻讀一個學位，因為投資成本既高又耗時，我們一輩子只能累積幾張紅色彩券，當然中獎機率就不高了。

相反地，綠色彩券投資報酬率比較高，因為很便宜，有時甚至免費，不需要太辛苦就能取得數十張、甚至數百張，而且常常帶來意外驚喜。紅色彩券類似強連結，綠色彩券就是弱連結，綠色彩券同樣不易中獎，但是因為數量多，成本不高，只要中獎了，就能改變人生。

如果我們列出改變人生的重大事件，會發現許多都是綠色彩券帶來的好運，當然若同時擁有紅色與綠色彩券，中獎機率也會提高，但是綠色彩券才是影響人生的關鍵。

如何取得更多的綠色彩券呢？科克建議必須下一點功夫走出去，結識我們幾乎不認識的人，聚焦擴大工作內外的弱連結人脈，取得更多見解與資訊。雖然無法知道哪個朋友能帶給你多大助益，但最終一定會有人讓你贏得改變人生的彩金。

我以李咸陽的故事為例，因為他的引薦，我們一起合作《樂活國民曆》。這本書出版之前，我先寫了《旅人的食材曆》，兩本書開啟我跟不同人合作的契機，包括設計菜單、帶動地方旅行、擔任企業顧問，從事各種演講……讓我拿到改變人生的綠色彩券。

這章開場的職場新鮮人慧玲，不也是用兩張綠色彩券（參加故事工作坊與獨角獸活動），意外獲得一分工作嗎？

當我們一面努力學習、鑽研，希望獲得紅色彩券時，別忘了空出時間，去跟更多人交流溝通。擁有多樣多元的綠色彩券，才能讓自己的人脈植物園更豐富多彩，以免重押在即將消失、甚至早已消失的黃金入場券，空努力一場。

過去拓展人脈最欠缺資訊，現在因臉書發達，可以輕易追蹤與找尋。臉書本身就是能建立弱連結的管道，但是要真正發揮弱連結的效益，關鍵不在人脈數量，而在人脈網絡。如何成為傳遞與連接資訊，將弱連結編織成一張大網，填補結構洞的關鍵感應者？

我們可以這麼做：列出心目中最想結識、景仰與崇拜的幾個人物，列出他們令人欣賞的特質，思考自己可以怎麼學習；更可以找到他們的臉書，直接跟他們聯繫。但是最好的綠色彩券，是閱讀他們的著作、參與演講、課程與活動，直接溝通與學習。這個過程最有趣的部分，也許是可以跟更多人交流互動，刺激想法，建立起屬於自己的弱連結。

最回頭過來看故事的另外一個主角李惠貞，她在環島過程中，造訪台中的菩薩寺（過去她編輯的雜誌曾報導這間由半畝塘建築團隊設計的寺廟），那晚她住在寺裡，跟師姐聊天，提供一些建議，卻促成師姐想邀她去工作，只是她想以自由工作者的身分參與，最後演變成類似真書軒的品牌顧問角色，給予菩薩寺對內對外的溝通建議。

她舉辦的獨角獸活動與講座，許多參與者希望組成獨角獸家族的社群，不但能定時交流，還能擔任惠貞的幫手，透過參與協助舉辦活動，直接跟她互動學習。

給予者加上給予者，讓她意外拿到好多張綠色彩券，也發送更多綠色彩券給年輕人，一起走向追尋極光的未知旅程。

摘要回顧：本章技巧提要

Diversity——耕耘多元的人脈植物園

你唯一要做的，就是積極、好奇與認真。

- 在人生或職涯轉捩點，泛泛之交的弱連結，往往比強連結更有幫助。因為這些偶然相遇的人、朋友的朋友、不常聯繫的人往往擁有我們不知道的訊息，有助於求職或獲得新知、機會與創新。
- 傳統人脈學可能重視長袖善舞，增加名片，結交各種人物，但目的性太強的人脈結交，往往還是淪為單一性的人脈，容易斤斤計較、患得患失。要刻意擺脫強連結的牽絆，用開放心胸擁抱多樣化的弱連結，才能創造豐富的特色，帶來更多意外的驚喜。
- 真正的拓展人脈，是想辦法幫助他人更成功。這是一種串聯，持續分享個人知識、資源、時間、朋友與同理心，以便提供他人價值，同時也提升自我的雙贏行為。
- 要真正發揮弱連結的效益，關鍵不在人脈數量，而在人脈網絡。我們要設法知道不同圈子領域的狀況，並適時交流不同的想法與情報，或是介紹不同圈子的人進行溝通互動，將弱連結編織成一張大網，並試著成為填補結構洞的關鍵感應者，甚至是人脈王。

- 一種簡單的做法，是列出心目中最想結識、景仰與崇拜的幾個人物，列出他們令人欣賞的特質，思考自己可以怎麼學習；可以找到他們的臉書，直接跟他們聯繫，或是閱讀他們的著作、參與演講、課程與活動，直接溝通與學習。

CHAPTER 5

絕境的創造力，憂點激發優點
（Dislocation）

棋子現在在什麼位置，你已經改變不了，最重要的，是你的下一步。

——羅倫斯．李維（Lawrence Levy），《搶救皮克斯！》（*To Pixar and Beyond*）

阿娟的難關，絕境的逆轉

「我是關關難過關關過的阿娟（娟的閩南語唸ㄍㄨㄢ）。」這是我在全家便利超商績優店長教育訓練工作坊，聽到最有趣的自我介紹。

戴著眼鏡，看起來像一位老師的岡山店長許瑞娟，告訴我她為什麼總是遇到難關，又能化險為夷。

她原本要租的店面，對面是一間小學，小學後面有社區住宅，師生只要過個馬路，就會為超商帶來商機，但是學校隔壁已有另一家知名超商，所以她向全家總部申請加盟一直無法通過。

「生意就在那裡，只要我努力去挖掘，應該可以拚出成績。」阿娟具有積極的創業夢想，又是在地人，經過不斷努力地爭取，總算順利加盟。為了創業，她跟銀行貸款一百八十萬，在開店前努力宣傳，也四處拜訪鄰居，打好鄰里關係，心想應該會有不錯的成績。

沒想到開店之後，業績一直低迷不振，不論怎麼努力宣傳，始終無法聚集人氣。就這麼撐了三年，每日業績只有兩萬元，對面的同業業績則是她的好幾倍，這種欲振乏力的情況，讓她面臨血本無歸的絕境。

阿娟坐困愁城，甚至悔不當初，但轉念一想，加盟有時間規定，加上貸款還有兩年才到期，還有時間思考調整。與其枯等客人上門，還不如主動出擊。

她決定先跟學校打好關係，增加校方對她的好感度。她先擔任學校的愛心媽媽，維護上下課的交通安全，也到學校說故事給孩子聽。

逐漸了解學校的狀況之後，知道學校有固定的戶外教學課程，老師常為規劃戶外教學的場地與內容絞盡腦汁，她就對老師們提出活動企劃，建議可以帶學生到店裡從事戶外教學，她負責解說與體驗活動。因為企劃很有意思，場地也很方便，加上免費，老師們也願意一試。

不過阿娟也發現，如果來店裡進行戶外教學，學生沒有消費，店裡就沒有收入。她建議老師可讓學生帶五十元以下的零錢，有消費就有發票，可以教學生認識發票與對獎，還能練習用發票記帳。這個理由說服老師，既增加學生的生活運用，也增加阿娟的收入。

就這樣，學校的戶外教學漸漸增加在阿娟店裡的學習體驗比重，她也不斷延伸加強學習內容，讓超商成為一個生活教室。學生可以分組扮演客人與超商員工，體驗內容可以學習數學課（買一送一、第二件六折，這些活動怎麼計算費用）、環保課（辨識環保標章的商品）與社會課（產地故事）。

因為活動有趣且實用，她也從中培養了教學能力，學校甚至請她來當社會課的代課老師。如果辦活動，也會請她負責餐盒，例如每年的畢業典禮，就會訂三百個餐盒。因為跟學生、老師與家長建立深厚的關係，大家漸漸習慣過馬路來消費，店內人氣開始提升，每日營收就從兩萬元，增加到七萬元左右。

受到客人的肯定，也激勵她繼續努力，開始提供全勤獎學金給每年的畢業班學生，藉著正向回饋，讓學生得到實質肯定。

現在阿娟不只度過難關，還開了七家店，對面的競爭者，早就關門大吉了。

奮勇逆轉的阿娟，竟成為別人的難關了。

面對僵局，你有多靈活？絕境逆轉的四個關鍵字

阿娟的逆轉勝，是絕境帶來的力量。按常理來說，她不該在學校對面開店，她不聽勸，果然就陷入無法翻身的絕境。

絕境帶來的力量，首先是改變她的原有認知。如果是好位置，客人自然會上門，位置不好，就要主動出擊，認知一轉換，也就改變了原本的假設。原本他認為超商是被動等客人上門的，當這個習以為常的假設被打破之後，她便從店裡走進學校，主動參與學校活動。

經過溝通互動，她洞察到學校老師的需求，再連結到自己的超商優勢。她主動提出戶外教學的企劃，並透過實際參與、嘗試與調整，產出實用有趣的內容，一步一步取得老師的信任。繼而被邀請擔任代課老師，提供畢業生獎學

金，與學校、社區顧客建立起更深厚的關係。超商的商品與售價其實大同小異，聚集人氣的關鍵就在於能否建立好感度，讓客人願意多走幾步路來消費。

絕境讓她格外清醒，但不是盲目行動，而是破除原本的認知盲點，透過行動去嘗試與突破。在探索過程中，洞察到關鍵痛點與潛在需求，再連結到自己的既有優勢，擴大行動，化「憂點」為優點，才能改變現狀。

絕境激發出幾個關鍵字：①改變認知，②洞察需求，③連結自己的優勢，④持續行動，才有機會改變現狀。

知名作家葛拉威爾在《以小勝大》（*David and Goliath*）形容，這是一種「有益的困境」。既然外在現實無法改變，就要改變自我的心態，具備開放的心胸，放下自己的成見，同時勤奮認真，甘冒風險，做他人可能不認同的事情。

除了認知的改變，還需要學習原本不擅長的能力與技巧。葛拉威爾強調，一般人會以天賦、天生的長處，也就是既有優勢資產為基礎，去深化學習與發展，過程中阻礙不多，容易發揮，稱為「資產化的學習」。另一種學習叫「彌補性學習」，需要先正視自己的障礙與限制，克服不安全感與羞恥感，而且非常專注，才能改善現狀。

他舉例，許多有閱讀障礙的人，會調整自己其他方面的能力，例如增加傾聽、思考與勇敢執著的能力。「弱勢者使用智慧，也能放手一搏。」葛拉威爾在《以小勝大》寫著。

我們每個人或多或少，都曾陷入僵局，甚至是無法跳脫的絕境，但最後的結果是沈淪還是超越？如果是逆轉勝，你是怎麼辦到的？一個精彩的故事，往往不是一個百戰百勝的強者，一路過關斬將，順利破關取得勝利，而是千迴百折、九死一生，在阻力中找到助力——也許是自己洞察到真相，或是他人的支援協助——最後才能順利獲勝。

關鍵還是在於認知的改變，接著產生嘗試的行動，才能自助、人助與天助。我們常常有種錯誤的認知，走在順境時，一切歸因都是自己能力好，遇到逆境時，才會歸咎是運氣不好。

然而往往只有逆境才能讓我們增加覺察力，更客觀地看待現實，磨鍊出敏銳靈活的感受，洞悉他人未看到的機會。例如阿娟注意到經營好顧客關係，就是經營好社區關係，社區關係的核心在於學校師生，解決他們的學習需求，就能建立深厚的社區關係。

相對地，在順境時對手的營收是阿娟的好幾倍，一等到阿娟從絕境中爬出來，建立起深厚的社區關係時，反而讓對手步入險境。不是對方做錯什麼麼，而是阿娟做對更多事情。

誰說絕境沒有機會？沒有人喜歡絕境，一旦陷入絕境，切勿用老方法來求生。絕境的產生，除了外在大環境的因素，往往也是因為原有的招式已經過時退化。先改變自己的慣性思考，藉由絕境逆轉的關鍵字——改變認知、洞察需求、連結自己的優勢、持續擴大行動——才能找到改變現狀的機會。

沒有人的生命是容易的，要在不容易當中獲得自在容易，就需要正視絕境帶來的力量。

優席夫——勇敢不一樣，不要放棄敲門找機會的精神

我與活躍在國際藝壇的阿美族藝術家優席夫，都是一個演講場合的講者，演講結束後，聽到彼此的故事而深受感動且相談甚歡，便約了下次碰面深談的時間。見面那天，我們交換各自的新書，他在送給我的書《漂流木》上，寫著「勇敢不一樣」。

短短的五個字，他花了近二十年才真正領悟。過去他一直嘗試不一樣，卻始終陷入一樣的困局。

優席夫有歌唱的天賦，從小就喜歡唱歌，渴望得到大家的肯定。二十歲退伍那年，他參加一個全國歌唱比賽，這匹來自花蓮玉里的黑馬，從數千位競賽者中脫穎而出，勇奪第一名，這個榮耀讓他有機會出道，成為歌壇新星。

沒想到唱片公司卻力捧第二名，因為他太黑太矮太粗獷，第二名白淨斯文又瘦又高，符合當時的市場口味，他受到重挫，感受到現實人生的無奈，原來歌聲不能證明一切。

他再接再厲，又報名另一場歌唱選拔賽，再度從數千人的海選中先聲奪人，進入冠軍戰，連他的父母也遠從家鄉來為他加油。他再度奪得冠軍，獎品是一台跑車，他賣掉跑車，替父親買了半座山當禮物，可以種檳榔維生。

連拿兩座冠軍，終於被知名製作人劉家昌相中，取了「駱也」這個藝名，準備錄製個人專輯。好運降臨，優席夫滿心歡喜，沒想到專輯錄到一半，劉家昌卻因故遠離台灣，去香港定居，他的出道夢也因而碎了。

他還在等機會。十八歲來台北之後，他就一直等待，為了養活自己，做過餐飲、電子工廠、業務助理，因為曾在雙聖冰淇淋工作過，認識很多外國人，激發他學習英語的興趣。做著歌星夢的日子，他白天在KTV打工，一有空就拿出小本子背誦英文單字，晚上則到酒吧當酒保，因為可以跟外國人用英語練習對話。

他又跟妹妹、表弟，以及另一位部落朋友合組樂團，有空就練唱與跳舞，寄試聽帶到各大唱片公司尋求機會。這次終於遇到伯樂了，他是阿妹、周杰倫的唱片製作人鍾興民，非常看好這個活潑陽光、具有爆發力的原住民團體，急切地簽下他們的經紀約，並送去一個培養偶像團體的唱片公司苦練歌舞。

當時他們陸續上了一些節目通告，妹妹甚至放棄教職，全力投入這個夢想，連搭計程車跑通告時，都聽得到廣播節目播放他們的歌，一切蓄勢待發。

但是經紀公司跟唱片公司發生財務糾紛，無法和解，連帶波及到他們，導致在五年的經紀約限制下，他們不能有任何通告與工作。

這次困境徹底擊毀了優席夫。他心灰意冷地回到酒吧上班，覺得對不起團員，也無顏見玉里父老。他熱愛音樂，音樂卻讓他無立足之地，「我不是輸在音樂的實力，而是輸給整人的命運。」他內心吶喊著。

沮喪之餘，意外接到一封來自英國愛丁堡友人的信（是在酒吧結識的朋友），信上只簡單問候他的近況，優席夫回了一封長信，說明他的困境與沮喪。英國友人就回覆他，那就來愛丁堡走走吧。

遠走他鄉，重新歸零

這個意外的邀請，讓他決心離開這個傷心地，拋下台灣與親友，遠走英國。他還記得在桃園國際機場候機時，沒有人來送機，相對於其他出國旅遊的歡樂聲，他只是孤獨地舔拭傷口，默默地跟著人群登機。雖然不知道愛丁堡是怎樣的城市，但他決心像個漂向大海的漂流木，永遠離開故土。

到了愛丁堡，正逢世界最盛大的愛丁堡國際藝術節開幕，他為這個充滿人文藝術的城市著迷，連讓他感到自卑的膚色，在地人都說是充滿魅力的蜂蜜琥珀色。他終於可以抬頭挺胸，在這個陌生城市找尋自我，決定留下來定居。

初來乍到，沒有一技之長，當地華人打工通常只有兩種選擇，去餐廳洗碗或當油漆工，因為優席夫有富貴手（皮膚濕疹，碰水手指會發癢疼痛龜裂），沒辦法洗碗，只能選擇當油漆工。

因為要幫客人粉刷住家，得自己調色，他嘗試讓各種顏色交融，創造獨特的色彩，例如粉紅色能調出四種層次，白色調出純白與乳白。他覺得油漆調色就像畫畫，能揮灑豐富有趣的色彩，「客人說我的顏色很特別，我說是用感覺調出來的，就像以前當酒保的調酒方式，人們看到我的色彩就會快樂開心。」原來牆壁可以當畫布，油漆工也像藝術家，他開始喜愛油漆工這分工作。

有一天工作到一半，朋友呼朋引伴說要去希臘旅行，他沒去過希臘，很想去散散心，就暫時放下工作，一起去玩。因為是暑假旺季，如果沒有事先預訂，根本找不到住宿的地方。他們四人原本打算在海邊露宿，當他們在一家羊肉店吃飯與討論時，老闆娘似乎看出他們的住宿需求，就比一比樓上，招呼他們上樓，原來二樓小房間是民宿；大伙兒當然願意擠在這裡，總比吹海風來得舒適。

由於白天看了很多藝術與人文地景，優席夫晚上的夢境就圍繞著這些畫面。半夢半醒之間，他彷彿看到牆壁冒出三個三十公分高的藍色小天使，牆壁上頓時出現各種鮮豔色彩。天使在白牆上輪流教他作畫，他又驚又喜，卻動彈不得，一位天使說了「It's time!」，接著就消失了，只剩這面白牆。

是夢幻還是真實？優席夫不知道，只知道他開始想畫畫了。他無師自通，只要沒有上工的日子，就瘋狂作畫，主題不拘，任何題材都畫。「當油漆工，奠定了我當畫家的基礎。」他突然明白當油漆工是有意義的。

有一天，他正在二樓的房間畫畫，在蘇格蘭博物館任職的房東恰好經過，看到裸女圖作品，意外且欣賞，連忙問他，因為要在一樓舉辦藝文派對，可否請他也在一樓客廳牆上畫下這幅裸女畫。

優席夫當然願意。舉辦派對那天，他在房間看電視，晚上十點，房東敲門找他，原來是愛丁堡國際藝術節策展人看到了他的畫，想認識他。優席夫下樓與這位策展人交談，策展人問，還有其他作品嗎？優席夫就帶他到房間觀看滿牆的花蟲鳥獸作品，策展人目瞪口呆，激動地邀請他參加愛丁堡藝術節的十位青年藝術家聯展。

歌星夢碎，卻成為畫壇新秀

優席夫很訝異，這些隨意畫下的作品，竟然被人欣賞與肯定，而且在這十位參展藝術家的作品中，他還是第一位把畫賣出去的藝術家。他告訴自己，做不成歌壇明星，不如成為藝術家。

有了信心，他更積極投入，希望將畫作賣出去，補貼台灣家人的生活開銷。他用拖板車載著畫，四處找畫廊，但都沒有人願意讓他展售，不是嫌棄他非美術學院背景，就是嫌棄顏色太鮮豔，甚至還沒打開畫作，就被趕走。

垂頭喪氣的他，在轉角的咖啡館休息時，無意間看到牆上展售藝術家作品，便纏著咖啡館老闆擠出五天檔期讓他展覽。為了第一次展覽，他自己當攝影師、掛畫、調燈光、四處發傳單，開幕那天自己切水果、當調酒師，只希望能夠打響名號。這是唯一可以抓住的機會，他說什麼都不放棄。

五天展期，他每天在外頭張望，因為在乎觀眾的看法，哪怕只賣出一幅畫也好。最後一天展覽結束前，他又在門口徘徊，正巧被出來抽菸的老闆看到，焦急的優席夫詢問賣出多少，老闆說只要貼紅點的就是已賣出的作品。結過竟然賣出八五％，他不敢相信，想起之前為了展覽所遭受的白眼與羞辱，竟喜極而泣，一時說不出話來。

老闆不解他為何泣不成聲，連忙拍拍他的肩膀說，「別哭了，我也買一幅。」

這次經驗，讓他堅持不懈地辦展覽，積極爭取曝光機會，甚至曾在五星級飯店小便池展出，而且都賣光了。「我要被看見，我不在乎，只要抓得住機會。」他強調。

有一天，一位朋友告訴他，倫敦藝術大學正在舉辦全球華人藝術比賽，建議他去參加。他心想，自己是阿美族原住民，怎麼可能會在華人藝術比賽有好成績？「我根本就是野生的！」他缺乏自信，突然膽怯起來。「You never try never know. Nothing to lose.」這句話敲醒了他，趕緊把作品寄出去，最後在兩百多位華人藝術家參展的比賽中，入選了前十強。他的作品「說不出」，傳遞出全球原住民無法說出母語的困境，更成為展覽活動的主視覺。

這些知名度，讓優席夫寫下油漆工變國際藝術家的傳奇。他在絕境中無意間轉換了新領域，切斷台灣歌壇的強連結，靠著弱連結的訊息來到愛丁堡，又將他學英語、調酒與油漆工的經驗，連結到繪畫創作；自己積極爭取曝光機會，再靠著朋友的各種展覽與競賽訊息，創造他的機會點。

讓他黯然神傷的家鄉呢？這塊漂泊到海外的漂流木，難道就不再歸航嗎？再度改變優席夫命運的，其實是來自家鄉的呼喚。知名的原住民作曲與歌唱大師胡德夫，從媒體報導知道優席夫在英國奮鬥的故事，不禁想再拉他一把。

胡德夫將他介紹給亞都麗緻總裁嚴長壽，嚴長壽聽到他的故事，非常動容，還將原本的記者會行程延後，更邀請他到花東帶著部落孩子學習藝術創作，讓他開始台灣與英國兩地往返的忙碌生活。

他的知名度在台灣打開了。不僅兩度登上TEDxTaipei演講，還受邀在桃園國際機場、台北捷運站陳列公共藝術作品。他的文創商品也被華航豪華客艙採用，甚至與更多產業、藝術家跨界合作。

「希望台灣人可以先認識自己的土地。生命的韌性來自於堅持，千萬不要放棄敲門找機會的精神。」優席夫在二〇一四年TEDxTaipei的演講中強調。

再回到一開始提到他送我「勇敢不一樣」這句話，經歷了這麼多，他陷入的絕境，反而激發他的潛能，做出更不一樣的事情。

如果當時沒有四處打工，體驗人生；如果沒有到愛丁堡，沒有富貴手，可能選擇當最簡單的洗碗工，甚至沒有去希臘，半夜可能就不會遇到夢中教他繪畫的天使；如果不是巧遇愛丁堡國際藝術節策展人……。當年邀請他來愛丁堡的朋友呢？其實當優席夫抵達愛丁堡之後，就沒有再跟他聯絡了。

太多如果，太多可能擦肩而過的機會，在幾次關鍵時刻，他都一一抓住了。

這一連串的點點滴滴，豐富了他的人生，成為畫作的底蘊。

「優席夫這個名字在阿美族語代表什麼意思？」我好奇。

「帶來豐盛的意思，還有反敗為勝的意涵。」現在，他真的成為名符其實的優席夫了。

自廢武功，創造性絕境

荷蘭心理學家德格魯特（Adriaan de Groot）研究棋藝大師，提出一個名詞「創造性絕境」（creative desperation），用來形容棋手遇到麻煩時，急中生智所發明的傑出策略，在絕境中用非正統的反擊招數，大膽賭一賭，最後往往能殺出一條生路。但這是一種違反直覺的方法，因為傳統的專業與經驗容易成為自我束縛的成見，他們卻敢於拋棄傳統，勇於嘗試。

阿娟是在既有領域找到一個新方法，提升自己的競爭優勢；優席夫則是更激進地充分利用創造性絕境，開拓自己從未有過的專業能力，以及大膽、獨樹一格的創新能力。

這兩種運用絕境的方式，一種是漸進式地提升能力，從弱連結進化到強連結，建立穩固的社區關係，有效率的經營事業；另一種則是破壞式地創造新能力，切割強連結，建立大量的弱連結，帶來更多機會，激發更多創新。

企業界最有名的創造性絕境，是在一九八〇年代中期，英特爾（Intel）縱橫晶片市場，卻面臨日本對手以低價積極搶攻，導致獲利大幅衰退，逐漸步入死亡之谷。

當時，英特爾執行長葛洛夫（Andrea Grove）走進創辦人摩爾（Gordon Moore）的辦公室，沮喪地說：「如果我們被董事會撤換了，你覺得新來的執行長會怎麼做？」摩爾回答：「他會放棄記憶體事業。」葛洛夫愣了一下，反問：「那我們何不自己動手做這件事呢？」這個「自廢武功」的策略轉折，讓英特爾將重心轉向當時尚未深耕的微處理器市場，走出死亡之谷，更造就英特爾日後的獨霸地位。

阿美族的優席夫也是如此。他可以安分地在台灣當個酒保，或是再做其他工作，但是他放大絕境的主觀感受——不改變，將從此失去信心，人生失去意義——反而切開既有的牽絆，縱身投入一個完全未知的世界，探索其他可能性，透過機緣巧合抓住機會，大破大立，創造全新的自己。

優席夫是一個極端冒險的例子，我們不一定要效法他破釜沈舟、轉換這麼大，但是他有意識地探索與學習，重新歸零，反而帶來意想不到的收穫。

走出偏鄉，進擊世界的奇「芋」記

再看看另一個例子，這是結合漸進式與破壞式的創新，從絕境中找到自己的機會點。

住在高雄甲仙的劉士賢，家裡開芋頭冰店「小奇冰城」數十年，父親是老鄉長，母親則負責打理店面生意，他在瑞士念旅館管理，也在飯店工作過，卻沒有返鄉接班的念頭。

直到有次返家，發現周圍同業都在發憤圖強改善店面，看著兩層樓低矮的老家兼店面，模樣老態龍鍾，生意更不如往日，當下決定返家接班。他大刀闊斧地改革，為了重建房子，花了數千萬的貸款，重新整建，讓店面格局寬敞、煥然一新，還增加停車場，方便客人上門。

生意當然恢復了，但沒多久，劉士賢的母親因病過世，一些同業認為，掌舵的老闆娘不在，經驗有限的劉士賢很難獨挑大樑，可能撐不了多久。

母親過世三個月後，竟發生影響台灣南部最劇烈的八八風災，甲仙受到重創。這個通往南橫的關鍵樞紐，因為南橫無法通車，導致觀光客不再經過，生意一落千丈。馬路上杳無人蹤，每天只有無止盡的砂石車呼嘯而過，帶來漫天灰塵；甲仙原本數十家芋頭冰店，也只剩十多家，整個商圈陷入愁雲慘霧。

劉士賢經營的小奇，營收剩下原本的一成，有時一天營收甚至只有二十元，還是SNG新聞轉播車司機跟小奇買的礦泉水。生意清淡，三個員工沒事做，只能放無薪假。

擔任鄉長的父親，在風災來臨時，四處勸導鄉民離開，但是雨勢來得又急又猛，無力可回天。災後檢討責任，他挺身承擔一切，遭到監察院彈劾，被迫去職，最後竟抑鬱而終。

原本意氣風發的劉家，接連的際遇讓人不勝唏噓。

即使客人上門，也都是抱著同情心來消費，「客人買東西都說很可憐，但是我很用心經營，必須要證明不是靠同情心來做生意。」他強調。

南橫開通既然遙遙無期，只能主動出擊。劉士賢一面思考家族事業的未來，又扛著貸款的沈重利息，他不願坐等沈淪，決定積極奮起。他一面花錢整理製造工廠，一面想重新設計包裝與品牌，開始找尋適合的設計公司。「別人說你瘋了，但是沒生意才有時間整理，」他說，「留在這裡也是死啊，去外面闖，還有機會走出一條路。」

甲仙芋頭產品雖然有名，但知名度比不上大甲芋頭，售價甚至不到大甲芋頭酥的一半；一般通路也買不到甲仙芋頭產品，因為業者習慣做過路生意。

他上網搜尋，發現自己喜愛的幾個在地特產品牌，幾乎都是同一家位在台中的設計公司操刀，他聯絡這家設計公司，對方說要評估，請他等候回覆。劉士賢等了兩個月，實在等不下去了，對方還是只說要評估，因為他們不了解甲仙芋頭，只是經常吃甲仙一家芋冰城的芋頭餅且印象深刻。「那家叫什麼？」「好像叫小奇。」「那就我們啊！」

訊息即機會

兩邊終於接上線，這家公司的人也找時間來甲仙商圈走動，拜訪小奇。幾個月後，劉士賢夫婦與弟弟、弟妹一同到台中聽簡報，設計公司將小奇命名為「奇芋大地」，重新定位產品內容與包裝設計。「聽完簡報，我真的目瞪口呆，跳脫原來的思維，」他說，「我興奮到全身發抖，身體告訴我一定會成功，這就對了。」

但設計費卻是原來預算的兩倍，不過既然要重新出發，也只能就忍痛接受。

他開始強化產品品質。先改變製作流程，捨棄以往機械化大量生產，改成手工製作，芋頭酥產量由每天一千顆降為六百五十顆。製作芋頭條的機器，原本添購一台四萬元的設備，但品質不好，切割不整齊，所以又花十一萬元買了更好的設備。

他也到各個百貨公司爭取臨時櫃，或是四處擺攤，希望能爭取客人好印象，才有再次消費的機會。

有了好產品、好包裝，設計公司問他想不想打進誠品的通路？劉士賢當然願意，設計公司只給他一個email聯繫窗口，他興奮地趕緊寫信聯繫，寫了一大篇自己的心路歷程、產品改造與特色，希望帶給地方同業信心，靠自己的力量站起來。

當天就收到誠品的回覆，他隔兩天帶著大包小包的產品到台北洽談，誠品的人員很滿意口味和包裝，只是她們臉上一直掛著淡淡的微笑且帶點遲疑。原來奇芋大地的售價太低了，以甲仙在地的定價，無法陳列在誠品的櫃架上，因為跟其他相關產品價格落差太大。

劉士賢這才注意到定價也是一門學問，但如果調高一倍以上，又擔心在地售價過高，失去競爭力。他幾經衡量，考慮到最終目的是要走出甲仙，經營全國客人，他決定調整價格，在地售價就改用其他方式來搭配。

新包裝、新價格與新通路改變了劉士賢的命運。上了誠品通路，奇芋大地的產品立刻受到消費者歡迎，銷售量都是前三名，不少支持者是香港客人，誠品到香港開店，也邀請他們到香港設櫃；他同時也發展宅配，分散風險，增加機會。

過一陣子之後，設計公司問他，要不要報名德國「紅點設計獎」的比賽？劉士賢半信半疑，自己的產品能夠參加世界級的比賽嗎？最後還是拿了「奇芋氣象台」這組產品參賽，特色是以不同口味的芋頭條，呼應太陽光芒（原味）、雨天（哇沙米）、閃電（麻辣）與月夜（咖哩）等主題。

在六千件參賽作品中，「奇芋氣象台」最後脫穎而出，得到「Best of the Best」大獎。

他一路跌跌撞撞地嘗試，從品牌門外漢逐步踏實，帶著「奇芋大地」拿到世界級的榮耀，在市場上占有一席之地。

現在他不只雇用了六位員工（原本三位），又將賺到的錢持續投資，重新裝潢店面，接著又貸款投資兩千萬，設立中央工廠，將產能與品質做進一步的提升；因為唯有擴大產能，增加收購量，才能帶動甲仙芋頭的種植面積，帶動農業復甦。

「當你被困在一個點，要有想跳脫的勇氣，想法萌芽之後要付諸行動，想再多，不行動還是等於零。」身型壯碩、講話斯文的劉士賢，分享一路走來的心得。

絕境給他兩個機會，第一是時間。因為生意不好，多出很多時間思考與探索，沒有時間蹉跎浪費，或是躲在同溫層取暖。

第二是經營壓力。跟其他甲仙商圈同業相比，大家都是自有店面，生意不好，也沒有租金壓力，人事成本也不高，還可以勉強撐著。反觀劉士賢背負改建房子的貸款壓力，加上員工放無薪假，不希望員工失業，這些責任與壓力，迫使他必須務實地思考未來之路。

壓力給他變革的動力，時間讓他思考重要但不緊急的事情，進行長期布局。他先確定要跳脫偏鄉框架，走向更大的市場，因此先改變產品定位，改善品質，重新包裝外觀，調整定價，分散通路（在地、宅配與誠品專櫃），又藉著得到紅點設計獎提升知名度。

一開始只想漸進式改善，積極擴展外部連結，爭取各種合作資源，邊走邊調整；沒想到越跨越廣，膽子越做越大，從漸進式創新進階到破壞式創新。有了市場知名度，再做更多投資，扎根甲仙家鄉，才能持續精進本業能力。

絕境逼迫我們靈活，更帶來創造的機會，「所謂獨創新意，就是在絕壁的邊緣跳舞，是和誘人的安全感打仗，沒有捷徑，沒有公式，沒有前人已經踏平的勝利之路，考驗本就無所不在。」《搶救皮克斯》寫著。

伊索寓言也有個故事，一個人吹噓他在他羅陀斯島有極高的跳遠能力，只要找到羅陀斯島的人就能證明，旁人說，「這裡就是羅陀斯，就在這裡跳躍吧！」要求他不要說大話，就在我們面前跳跳看吧。

後來德國哲人黑格爾巧妙改寫為「這裡就有玫瑰花，就在這裡跳舞吧！」每個人既然跳脫不出身處的世界，就要好好把握當下，盡情跳舞。

絕境就是玫瑰花，就在這裡跳舞吧！

摘要回顧：本章技巧提要

Dislocation——絕境的創造力，憂點激發優點

生命的韌性來自於堅持，千萬不要放棄敲門找機會的精神。

- 絕境帶來的力量，是可以改變我們原有的認知，進而改變我們習以為常的假設，讓我們格外清醒，破除原本的盲點，透過行動去嘗試與突破。
- 絕境能激發出幾個關鍵字：㊀改變認知，㊁洞察需求，㊂連結自己的優勢，㊃持續行動，讓我們有機會改變現狀。
- 既然外在現實無法改變，就要改變自我的心態，具備開放的心胸，放下自己的成見，同時勤奮認真，甘冒風險，做他人可能不認同的事情，或是學習原本不擅長的能力與技巧。
- 有兩種運用絕境的方式，一種是漸進式地提升能力，從弱連結進化到強連結；另一種則是破壞式地創造新能力，切割強連結，建立大量的弱連結，帶來更多機會，激發更多創新。

CHAPTER 6

自我破壞的進擊（Disruption）

如果只尋找熟悉的事物，你就不會發現意外的驚喜

——艾德・卡特莫爾（Ed Catmull）、艾美・華萊士（Amy Wallance），《創意電力公司》（*Creativity, INC.*）

品質狂人，流程馴獸師

多年前的SARS風暴，一間位在台中德安百貨公司的春水堂人文茶館，受到SARS衝擊後，生意一直沒有太大起色。當時連著好幾個月，一天營收從原本的兩三萬元，跌到每日平均不到一萬元。擔任德安店新任店長才兩年的

江宜樺，一直很苦惱，覺得自己不適任，想提辭呈以示負責，主管安慰她，不要心急，一定會找到改變的方法。

有一天她翻閱商業雜誌，看到專訪日本優衣庫創辦人柳井正的內容，談到優衣庫商品在出貨前，都會仔細檢查，確保品質。這段話誘發她的聯想，立刻檢查廚房回收區的廚餘，發現幾乎都是豆乾，「豆乾沒吃完，一定有原因，表示產品的美味程度得不到客人的認同。」她頓時充滿疑問。

她進一步思索。春水堂的豆乾是由中央工廠提供，雖然也提供醬料配方，但每家店的空間、設備與工作流程不太一樣，店長可以根據狀況自行調整配方，可以說沒有統一的味道與標準。

江宜樺看著廚餘出神，又仔細思考柳井正的做法，決定找幹部開會，討論如何改善豆乾的醬料配方。她先請同仁做三份豆乾嘗味道，大家邊吃邊討論，發現味道都不太一樣。接著她們到春水堂其他分店吃豆乾，大家聚精會神地品嘗，選出口味最好的一家，再跟這家店長索取配方，回到店裡試做。

沒想到怎麼嘗試，味道就是不對，原來那位店長沒有提供真正的配方，因為這是店長們的機密，不會外流。

江宜樺決定不外求，自己研發，她們用三天時間調整出大家最滿意的味道，接著細部討論比例，以及標準化的操作流程（SOP），並化為具體數字，例如放幾匙，重量多少，才能讓員工容易執行操作。

她再將米血、鳳爪等各種滷味，依照豆乾醬料標準調配出最佳味道的比例，每種產品都有負責人，並進行教育訓練，讓每個員工都能確實掌握。她要求負責人得觀察客人的食用狀況，並隨時注意廚餘是否減少。

幾個月後，廚餘真的變少了，甚至還有客人專程帶朋友回來吃豆乾，還告訴江宜樺，「上次來吃豆乾，覺得很好吃，這次特地帶外地朋友來品嘗，朋友吃得很開心，全都吃完了。」

這個正向經驗鼓勵她要繼續徹底執行，要求員工在每日報表仔細填寫客人反應，不能空白，藉此培養大家的工作習慣與責任感，如果寫得不詳細或敷衍了事，她會當場撕毀報表，嚇得員工們都戰戰兢兢，了解得跟客人深入互動並仔細觀察，才能寫出好報表。

有一天，她發現有不少發票都是店內員工折扣價，是春水堂員工來消費，詢問之後，才知道他們是專程來吃豆乾。原來好吃的豆乾已經在公司內部傳開了，大家都想嘗嘗這個獨門配方，希望帶回分店試做。

產品部主管巡店時，連續好幾個月都是德安店分數最高，總部主管質疑，是否因為彼此有私交才會得高分，決定親自來巡視，發現德安店的餐點品質很穩定，也因此對江宜樺印象深刻。

隔年，德安店某次單月業績達成率竟高達二五八％。「這個數字太令我印象深刻了，我學到要做好ＳＯＰ跟教育訓練，才會得到好成績。」她說。

一杯茶，八種味道

有了好成績，她又被調去中友百貨開新店，因為沒有人手，員工是從每家分店各自抽選一兩位組成，她沒有班底，必須重建新的工作模式。

開店沒多久，她就遇到客人反應茶不太好喝，第二天、第三天又是同樣的問題。有個認識的常客說，「翡翠檸檬綠茶的味道怎麼跟昨天不同？尾韻很澀，淡而無味。」

江宜樺心想大事不妙，但當時正是中午最忙碌的時段，她決定下午等員工都用完餐，再召集大家來開會檢討。她先請會泡茶的八位員工出列，每個人都要泡春水堂廣受歡迎、半糖去冰的翡翠檸檬綠茶，而且彼此不准交談。大家就輪流泡茶，她則在一旁仔細紀錄每杯茶的比例。

因為這款茶飲中有檸檬原汁、綠茶、糖，她發現八杯的比例都不同，難怪味道都不一樣，造成客人的不滿。原來這八位員工來自不同分店，不同店長有不同標準與泡茶手法。

因為是新店，她不希望再遇到客訴，造成負面評價，影響業績，立刻要求大家輪流喝茶，票選出最好的一杯，並說明好喝的原因。接著她再重新調整比例，要求同仁熟記與熟練，再考試測驗。

不只是翡翠檸檬綠茶，由於春水堂茶飲品項有四十多種，她開始思考一套系統化的泡茶流程，並找出最容易記住與運用的方式。這是她過去當員工時，不斷泡茶試喝、測試實驗所累積出來的心得，「要泡出穩定好喝的茶。」

為了確保標準並徹底執行，她經常在吧台遊走，不定時抽測，喝上兩口之後，就換泡茶的人來品嘗，或是觀察客人表情與反應，馬上就知道茶好不好喝、品質是否穩定。「只要一講『你喝喝看』，大家就嚇壞了，」她笑著說，「大家看我很瘋狂，私下都叫我肖查某（瘋女人）。」

她的嚴格出了名，被稱為馴獸師，連春水堂第二代接班人劉彥邦擔任副店長，跟她學習店務運作，她也一視同仁。在她的眼中，只有穩定的品質，以及清楚的工作流程。

總部主管來店裡巡視開會，注意到江宜樺在茶飲餐點的統一流程與品質，也規劃要讓全部分店統一標準，決定破格升遷，徵調她到總部擔任營運部副理，專門負責品質與訓練。

對於這個統一化與系統化的改變過程，這些自主性高、有自己習慣做法的店長們，多少都會有點抗拒。過去春水堂重視培養店長的飲茶文化涵養，不只會泡茶、擺茶席，還要會插花，也讓每位店長都有自己獨到的想法與做法。

但是當店面規模逐漸增加，分店越來越多，就會面臨個性化與維持品質一致的兩難——雖然許多消費者更希望喝到味道一致的茶飲。加上從店長升上來的江宜樺要面對的，不是改變一家店，而是全部的分店，挑戰度當然也更高。

雖然她要求嚴格，也開始學習柔性溝通，建立團隊共識。她到每一家店，都先跟店長、員工討論，一起試吃試喝，找出最好的品質，接著建立共識與認同，才進行教育訓練。

改變需要時間。透過一點一滴的調整，等到客人滿意，業績開始成長，就會產生成就感與學習動機。「人做有成就感的事情，就會一起推廣，接著會問我，品質做好之後，還可以再做什麼？」她強調。

這個專門建立品質與工作流程的職位，等於是江宜樺自己創造出來的工作，但如果不是當時業績太差，讓她注意到豆乾口味的問題，以及接下來客人接二連三抱怨茶不好喝，她也不會發覺原來茶飲的比例竟有八種。

問題帶來機會，也創造職涯的成長。「管理者要會去找問題，找到解決辦法，接著模擬想像，找幹部一起討論，因為自己想的不一定是最好的，最後要學會怎麼安排規劃、教育訓練與建立表格化管理，」江宜樺仍不定時會到各店進行品質抽查，甚至跟老客人溝通，實地了解問題。

只要她去巡查分店，告訴同仁哪裡有問題，員工都很訝異她怎麼會知道？「因為客人會打電話給我。」她說。

S曲線的機會密碼

表象的問題，經常隱藏著機會的密碼。但機會只會降臨在尋找它的人身上，從意外的問題看到改變轉折的機會。

江宜樺從豆乾廚餘過多、客訴茶飲味道不佳等問題，開始思考與追溯問題的原因，接著起而行去找尋答案，透過溝通與共識，建立品質標準，再藉由教育訓練徹底執行。這個過程不但提升她的能力與視野，也帶來升遷，進而創造獨特的工作職務。

在前言中提過的「基本歸因謬誤」，可以用來思考成功的真相。當人們成功時，容易高估個人因素，例如才智與策略，而非外在脈絡與情境因素，或是隨機偶發事件帶來的影響。簡言之，成功是因為自己努力，別人成功是因為幸運；別人失敗是因為不夠努力，自己失敗則是因為運氣不好。

因為這種自我感覺良好，會使人誤認成功是簡單線性的因果關係所造成，如同電燈開關一樣簡單直接，但是一個人的成功，其實都是各種複雜力量交錯，涉及到時間變化、人際互動，以及無法控制的外在事件的影響。

如果一直用慣性思考，沒有客觀地自我覺察，就會陷入基本歸因謬誤的情況，成功就真的只是好運，但好運存量有限，一下子就用光了。

成功的樣貌，比較像一條S曲線，一開始在底端，透過努力與嘗試的投入，緩慢爬升，經過時間累積，成果逐漸顯現，曲線上升；接著來到曲線轉折點，進入一個高速成長的陡峭歷程；最後來到平坦的頂端，成長趨緩；最後逐步下滑。

人生與企業的發展也像S曲線，但不會只有這一條，可以有第二條、第三條，如此生命才能不斷蓬勃成長。只是成功往往會遮蔽我們的雙眼，以為只要投入就有產出，成功會持續下去，但我們很難逃脫S曲線的魔咒，最多只能延長曲線的長度，終究會灰飛煙滅，步入令人沮喪的結局。

管理學思想家韓第（Charles Handy）在《第二曲線》（*The Second Curve*）這本書呼籲，必須在第一曲線尚未觸頂前，就展開第二曲線，才能掌握充足的資源（時間、金錢與精力），熬過第二曲線剛開始的底端，開始往上爬升，創造第二曲線的高峰。如果是在滑落之後，才努力逆流而上，不僅需要耗費更多力氣，也會付出更多代價。

但是問題來了，我們怎麼知道第一曲線已達頂峰？還是已經下滑？如何在對的時間，做對的事情？

這是本章的主題。外在對手隨時環伺，很難察覺，但是內在對手（也就是我們自己），卻隨時可以察覺溝通。當自己開始感到志得意滿，或是即將達成目標時，就要儘早設定新的目標，培養新的能力，展開新的學習與探索。建立第二曲線的過程，可能需要自廢武功、砍掉重練，破壞自己原有的優勢。

第一曲線進行時，如何同時布局第二曲線？進行第一曲線時，要容許岔路的出現並加以探索，當日常工作發生意料之外的事件，或是出現意想不到的問題時，也許就是出現第二曲線的機會。

江宜樺就是一個例子。她在第一曲線階段出現豆乾事件，透過豆乾看到的問題，重新建立品質與工作流程，讓團隊有努力目標，重振低迷業績，獲得客人與總部肯定。

茶飲事件促成第二曲線的出現。從一杯茶八種不同口味的問題，看到各店之間缺乏系統化的方法與溝通，她決定從自己的分店做起，重建茶飲品質標準與工作流程，最後得到總部肯定，獲得升遷到總部擔任品質部門主管。

之後曲線的第三曲線則是協助每家分店，重新建立共同品質，以及投入教育訓練，讓整個春水堂都能有穩定好喝的茶飲跟餐點。

這幾條曲線，都是自我破壞、自我顛覆的過程。藉由外在的問題，引發好奇與探索，找到問題根源，再建立團隊共識，調整工作流程，解決問題。每次的曲線發展，都是一次自我改變與成長的機會，破壞自己原本的認知，改變自己的能力。

如果不是幾次的偶發事件、意外出現的問題，江宜樺也不會注意到這些問題，繼而持續觀察挖掘，找出解決方案，一次比一次還深入完整。依照一般店長的作法，可能就是趕緊調整味道，或是重新泡茶，解決表面的問題，卻沒有深入追蹤，看出更核心的問題。

過去的成功，不保證未來成功，甚至會成為未來失敗的主因。我們只能顛覆自己，主動破壞自己賴以成功的優勢，從問題找機會，去加強解決問題的新專業與新視野，準備下一條曲線的發展。

孫治華——問題會塑造你獨一無二的特色

十多年前，在新竹工研院工作、寫程式的孫治華，大概沒想到，今天會成為一位新創募資簡報的專家。

他剛在工研院領到十年資深員工的金牌，原本計劃再領下一個十年的金牌，沒想到人生際遇的巧合，讓他岔出原來的軌道，意外邁向一座璀璨花園。

改變孫治華的種子，其實來自工研院本身。有一位從鴻海集團退休的周姓高階主管，應邀來工研院擔任顧問，並主導一個計畫，需要從內部找同仁成立專案團隊，儘管孫治華本身工作量已經很重，並不適合加入，他卻渴望藉由這個千載難逢的機會，讓自己得到更多提升專業的學習。

於是他積極加班，完成原本任務，並申請加入周顧問的團隊。這段日子沒天沒夜地加班，沒有人要求他，是他自發的。問他為什麼，其實也說不上來，只是覺得「自己應該活得精彩一點」。

周顧問要求很嚴格，需要嚴謹的思考來做產業分析、報告，讓他大開眼界。團隊甚至每週固定從新竹到台北，上周顧問在政大智財所智慧財產管理的課程。每學期都可以看到政大的碩士生與業界人士一起完成的跨產業智財應用報告簡報，四年下來，共看了八十份跨產業的高水準報告，了解很多國內外趨勢，更強化他的專業與思維邏輯，讓他累積大量的跨產業知識。

最後這個團隊離開工研院成功創業，但孫治華沒有參與，繼續留在工研院。「在看過那麼多高水準的報告與產業之後，我變了。」他說。

心態變了，環境沒變，他內心出現一些隱約的想法，思考人生還有什麼可能，但要如何開始？

無意間，在臉書遇到一位老朋友，邀請他一起寫部落格。他也躍躍欲試，但要寫什麼主題呢？想起自己在政大旁聽的課程，都是透過簡報來呈現，看了這麼多分簡報，自己也累積不少心得，就利用下班時間開始寫簡報部落格，從事產業觀察，分享簡報製作的心得。

機會很快到來。竹科一家上市公司看到他的簡報文章，邀請他為公司同仁上兩梯簡報課程。但當時他只會寫，卻不會教，不要說當講師了，連作者都稱不上，當然更不了解學員的需求。課堂上看到學員反應，就知道沒有達到預期效果，第二梯次就直接都取消了。

這是一個從失敗學習的機會，他雖然很沮喪，卻記取這個教訓，更積極學習簡報教學，只要有演講分享的機會，都積極嘗試，磨練自己對簡報的思維與專業能力。

開始跨界的職涯之路

另一次機會又來了。在離開工研院之後，他去面試了《數位時代》的社群小編工作，跟別人不同之處，在於他是帶著一份簡報去面試，也因此得到雜誌社老闆的欣賞，邀請他負責《數位時代》網路社群經營。

他沒做過社群經營，但願意嘗試，延續過去專注研究國內外科技產業趨勢的習慣，為了帶給台灣讀者更多精彩具代表性的創新個案，他每天要從一百五十篇文章中，精選編輯其中的十五篇文章。藉著不斷研究、編輯與累積，他與團隊成功地讓更多讀者注意到《數位時代》的粉絲頁，帶來不少流量與粉絲。

這個經歷讓他被推薦到一家企業集團，擔任社群經營與電子商務的新創事業策略長。為了讓集團高階主管更加認識電子商務，他規劃數位行銷的企業內部教育大學。過程中必須找尋優質又有實戰經驗的講師，因此他得重新建立電商圈的人脈，並在邀請講師為集團內訓之前，事先了解講師的簡報內容，協助修改這些課程以得到集團員工的好評和主管的支持；可惜因為家庭與事業兩頭燒，他為了花更多時間照顧新竹的家人，最後選擇離開台北的公司。

意外的邀請，讓他搭上兩台高速列車，一輛是網路社群經營，另一輛是社群電商，但是最後他都自行下車。離開人人稱羨的職場頭銜，失去穩定的薪水收入，他變成不上班的孤鳥，卻充滿單飛信心。經歷過簡報教學、社群經營、新創事業趨勢與電子商務等珍貴職涯經驗的洗禮，他逐漸整合出自己的觀點與專業。

他發現兩個領域的問題，以及衍生的市場需求。首先，國內雖然鼓吹青年創業，但是缺乏有系統的募資與溝通表達的教學課程，更別說一對一教練的學習課程。他看到很多創業家的想法明明有價值，卻無法有效傳達給投資人或策略夥伴，錯失很多關鍵機會。其次，簡報專家很多，但是透過簡報進行募資提案這門學問，國內卻還沒有專家切入。

因此他以募資簡報當成創業起點，開始搜集大量國外的募資簡報，細部拆解內容，歸納整理出一套募資簡報的教學架構。

不過光有教學架構，卻還不夠了解市場需求。孫治華於是藉由募資簡報的評審與教學，跟許多大企業、中小企業的高階主管溝通，了解實際需求，才逐漸摸索出如何將教學內容與顧客需求串連在一起。

尤其在三一八學運之後，群眾募資成為重要趨勢，不論是創業，還是想透過網路募集資金，實現計劃與夢想，都需要具體清楚的計畫、目標與說故事技巧，孫治華的募資簡報教學也就越來越受歡迎。因為他教的新創募資簡報，不只在教簡報設計，而是透過簡報，傳達出一家新創事業應有的策略思維。

知名度打開之後，有一些專門經營企業內訓的管理顧問公司找上他，讓他從政府單位產學合作中心的募資簡報講師，變成為企業內部訓練的講師。

從上班族變成簡報教學講師，雖然是獨門生意，讓他擁有自由彈性的時間，但卻必須理性思考一個兩難問題。如果要賺錢，時間就是金錢，就得不斷教學，最後會犧牲生活品質；如果重視生活品質，勢必降低教學時數，收入也會降低，該如何取捨？

為了解決這個問題，他把企業營運的概念轉換到個人事業的模式，每個人都跟企業一樣，要做好年度財務預測，根據營收目標來回推工作內容。如何才能達到收入目標？先有具體目標與數字，再思考要開多少課程，接著找出進修學習與家人相處的時間，才不會讓自己的人生陷入這個兩難的問題中。

他也發現有不少從事企業訓練的講師有類似問題。由於台灣有越來越多離開職場的工作者，投入企業內訓講師，但是僧多粥少，講師看似自由，卻有同業競爭的問題，即使是知名講師，也有時間不夠用的問題。「講師不是餓死，就是累死，」他一針見血地指出。

從問題出發，他看到更多機會。他主動出擊，針對講師自我經營的商業模式，規劃了過往沒有人教過的「職業講師的商業思維」公開班，除了分享他的經營心得，還傳授年輕講師如何自我經營，創造自己的商業模式，並維持生活品質。

他還將每期的講師學員組成一個講師社群，彼此合作分工，互相介紹案子，互相分享與提升，並為彼此介紹機會，達到業務共享的雙贏模式。

目前他已經開出近十梯次的公開班，講師人脈已有兩三百位，彼此都是弱連結，可以為彼此帶來更多資源與機會。

從一位工程師，變成一位簡報專家；進而加入媒體，累積社群經營的專業；又切入電子商務，了解新創事業的趨勢；最後成為募資簡報專家，還發揮社群經營的能力，組織大量的講師人脈，創造新的商業模式，讓自己不是一位只說不做的講師。

他發揮大量弱連結的效益，每次進入一個新領域，除了吸收新專業，從中看到市場需求，又能彼此連結，再開發成自己獨有的優勢，成為一位不斷進擊、蛻變的自我破壞者。「創業過程在於你發現多少問題，要珍惜每個問題，問題會塑造出你獨一無二的特色。」

他內心很篤定，只要建立起自己的目標與商業模式，再來就是仔細耕耘，也利用淡季自我閱讀進修，並且有充足的時間跟家人相處。「淡季不是淡季，是充滿希望的季節！」他強調。

雖然創業才三年，孫治華已經創造自己的天地，下個十年的金牌，不再是別人頒給他，而是他送給自己的人生禮物。

機會在三種顧客身上

孫治華不斷轉換組織，且跨越很多專業領域，從每個經驗看到問題與機會，慢慢累積，把問題結合在一起，從問題意識中鑄造自己的獨特能力。江宜樺則是在組織內部，不斷深化挖掘，從小問題看到大問題，透過解決問題的過程，逐步提升自己的能力。

一個橫向（孫治華），一個縱向（江宜樺），代表組織內部工作者或創業者，都能成為自我破壞者。一切的改變與破壞，都從外在問題開始，他們不會陷入「基本歸因謬誤」的狀態，反而像偵探般起身追問，創造自己都難以想像的變化。

從個人生涯來應用破壞式創新，創造多次的S曲線，可以從需求端與供給端兩個角度來思考：需求端代表市場的顧客需求、問題與機會，供給端代表的是個人對應的能力與動機。

需求端往往也是意料之外的事件與問題的起源。克里斯汀生在《創新者的修煉》（*Seeing What's Next*）第一章〈變化跡象：機會在哪裡？〉，說明要評估三類的顧客群：①尚未消費者，②尚不滿足的顧客，③過度滿足的顧客。

這三類顧客都能創造獨特的商機。可以針對新市場進行破壞式創新，爭取尚未消費者，或是針對高階市場，服務尚不滿足的顧客，還可針對低階市場爭取過度滿足的顧客。

從克里斯汀生破壞式創新的角度來看，如果市場挑戰者希望異軍突起，避免市場領導者的注意，或是打開新商機，機會在於尚未消費與過度滿足的顧客。因為市場上現有的產品不是忽視他們，就是並非針對他們而設計，導致目前仍有一大群尚未消費者，或是不需要使用這麼高規格、多功能或高價位產品的消費者。

相對於破壞式創新，另有一種創新是屬於維持性創新。這是屬於市場領導者的特質，因為他們聚焦在尚不滿足的客戶，也就是服務既有的高階客戶。這種客戶較為挑剔，永遠在追求更高階、功能更複雜、品質更好的產品或服務，市場領導者得不斷精進，提升功能與品質，才能持續滿足他們的需求。

如何將上述概念應用在個人發展的機會上呢？我們可以辨別自己想鎖定的顧客，假如是尚不滿足、重視高品質與複雜功能的客戶，通常這塊市場已經有人經營，而且市占率很高，造成進入門檻很高，如果轉換跑道，要耗費更多成本與精力，吃力不討好，而且很快就被市場領先者給吞沒。

不如把焦點轉向尚未消費者，以及過度滿足的顧客身上。這部分商機與機會比較常被其他市場領先對手忽視，這因此才有顛覆破壞的機會，從這個領域蠶食鯨吞，掌握消費者需求，逐步調整修改，擴大影響力或許是更好的做法。

比方孫治華就鎖定尚未消費的顧客。既有的簡報市場，已經有許多名師，但如果是募資簡報市場，這是屬於創業者的領域，他們有具體創業與募資提案需求，卻沒有人滿足，這就是他的機會。

此外，他還看到另一個需求。講師同業需要學習的不是簡報（這是他們的共同專長），而是自我經營。由於講師都是跑單幫，彼此看似競爭，也缺乏連結，他開課傳授自我經營，滿足大家的需求與渴望，同時將講師們彼此串連，互通有無，共享資源。

春水堂的江宜樺，則是服務過度滿足的顧客，例如顧客喜歡喝他們習慣的味道，如果品質與味道不穩定，就會產生抱怨。因此她需要做的就是把既有品質維護好，了解顧客感受與需求，至於創新研發新產品，滿足喜新厭舊、追求新口味的客人，則不是她的責任。

再來看破壞式創新的供給端。我借用克里斯汀生在《創新者的修煉》第四章〈非市場性因素如何影響創新〉，當中一個動機／能力架構來談創新的力量。

先從四個象限來思考。縱軸是動機，動機代表個人工作者對創新的態度與渴望；橫軸是能力，能力是能夠運用資源轉化為具體行動與專業的能力。

從供給矩陣圖來看，能力高、動機強這個象限，代表創新的溫床，隨時都能發動破壞式創新。第二個象限是動機強，能力待提升，這屬於尋找目標的階段，已有強烈的態度與動機，只要發現目標，再來就是透過邊做邊學，提升能力，就能創造機會，解決問題。

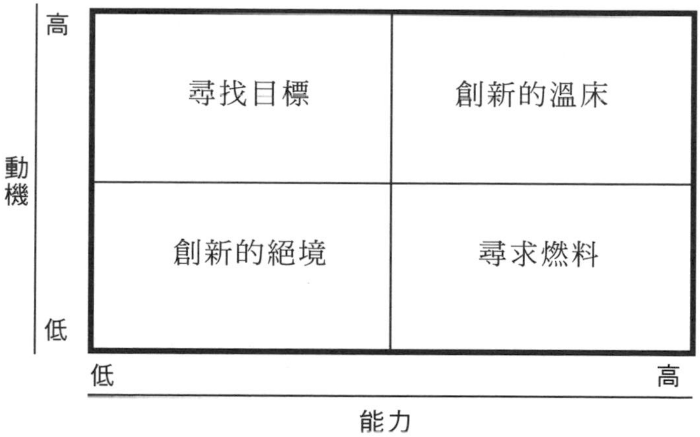

圖6-1 動機／能力架構

另外兩個象限，一個是動機低，能力高，代表有創新能力，但是沒有動力燃料，不可能會產生創新。最後一個象限，動機低與能力低，這是創新的死路。

因此動機與態度才是決定能否實踐的關鍵，只要找到目標，就能邊探索邊提升能力。目標可以回到需求端，從三類的顧客群來切入。此外，如果沒有外界的刺激，原本的能力也容易陷入無用武之地，有了外界刺激與目標，就能針對目標積極擴充新的能力。

比方江宜樺過去不善於溝通，但是發現目標之後，就能整合大家，找到品質標準，建立共識。特別是在擔任品質主管之後，她都會親自到每家分店溝通討論，建立共識與目標，因為她渴望解決問題，在幾次經驗中知道沒有共識，就無法徹底執行，不先有共識，就沒有改變的機會。

孫治華也是因為開始寫部落格，摸索簡報技巧，受到挫折之後，持續深化能力；又結合後來的社群經驗、電子商業與新創事業，找到募資簡報的市場需求，才成為一位募資簡報專家。

呂秀惠——白色巨塔的人生心電圖

我曾開了一門頗有意思的「人生設計」工作坊，幫助學員在這個不確定的年代，培養好奇心與洞察力，找到改變的機會，開拓自己的方向。但人生設計的前提，就是不要被人生設計了，才能主動設計自己的人生。

什麼是不要被人生設計了？設計在國語或閩南語當中，有著被他人計算陷害的負面意涵，如果我們總是介意他人的眼光，依賴社會期待與框架，重視平均、量化的成績，習慣依規定辦事，就會淪為遷就他人的平凡人，失去自己的獨特性。

工作坊有各種專業背景的學員，其中不少是醫生與護理師，對他們的學習動機我相當好奇。有位學員呂秀惠是護理背景，現在擔任醫藥顧問公司執行長，她在整理過往經歷時，表達方式總是冷靜的平鋪直敘，彷彿是在陳述他人的故事，而非自己的生命。

個性活潑的她也很苦惱，為什麼說話方式竟是如此平淡？她跟醫生朋友討論這個狀況，獲得的頓悟是因為他們長期面對臨床的生命難題，習慣讓自己從容沈着，隱藏情緒，讓病人安心，久而久之，就成為溝通的職業病。但是白袍之外，他們也在經歷各類人生挑戰，面臨種種意外轉折與抉擇，也會茫然徬徨。她拿出一張心電圖笑著說，「有起伏，才算活著，不是嗎？」

不想被人生設計，就得具有自我破壞的勇氣與認知。在白色巨塔裡工作，除了醫療人員的職責，還可以怎麼自我破壞？產生什麼改變？

在醫療界工作二十年的呂秀惠，為自己設計了一張人生心電圖，從護理師、校護、藥廠公關與行銷，一直到擔任顧問公司執行長。每一次轉折都是冒險，卻像海綿一樣吸收各種經驗，最後創造自己的志業與事業。

她的阿公是中醫師，從小的夢想就是白衣天使，擔任護理師多年，她逐漸體悟到，醫院只是鑽研或改善病人的病，大部分的人都忽略健康照護的重要性，她希望有機會能從事社區醫療的宣導工作。

有個機緣讓她到私立小學擔任校護，因為是新成立的單位，得獨力設計規劃學校的醫療流程，學習臨床以外的整合能力。接著她到國際藥廠負責公關行銷，累積專業之後，創業的打算更加堅定，希望能從事推動健康生活的行業，但不知何時才是適當時機。

碰巧先生臨時要外派海外，她得獨自照顧小孩，為了能彈性運用工作時間，勢必無法正常上下班，想來想去，覺得勢必得提前實現創業計劃，才能兼顧家庭與工作。

創業之前，她發自己現缺乏系統性的創業知識，便先到醫藥公關公司工作一年，了解報價以及如何與客戶端的採購溝通。但後來發現公關公司做的事情很表面，不夠深入，半年後她就離開了，決定和先生合資，創辦弘翊諮詢管理顧問公司。

醫療業已經有不少公關與顧問公司，呂秀惠的公司有什麼獨特性？

首先她具有護理師、校護、國際藥廠行銷與業務的經驗，又到小型公關公司工作過，了解業界生態與人脈；且擁有醫療、溝通、行銷與教育訓練的跨界專業，知道不同客戶的想法與需求，也知道遊戲規則與生態。例如她知道藥廠的預算編列與成本，也知道承辦業務的公關公司的利潤與成本架構，因而減少了創業過程的嘗試錯誤。加上外商藥廠待遇高，很少人願意出來冒風險創業，相對缺乏競爭者，反而創造獨特優勢，讓她成為藥廠與醫院之間的溝通橋樑。

這些曲折的歷練，不僅磨練她的身段與溝通能力，更豐富她的生命歷程。

呂秀惠原本個性內向，但擔任醫院護理師，必須對病人與家屬進行衛生教育溝通；即使成為小學校護，也需要上台教學生保健知識；成為顧問公司執行長之後，更需要對藥廠進行提案簡報，對醫院的個案管理師從事教育訓練。

有一次她看到一場「醫病共創決策」的論壇，剛好是她很關心的議題，目的是未來醫生與病患要能一起討論病情與治療方式，達到充份溝通，而非醫生以專家角度單方向做決策，忽略病人的感受與需求。

這場論壇原本只開放給醫生參加，她便主動決定寫給主辦單位醫策會的執行長，表達她想參與論壇的想法，希望未來對醫病共創決策能有更多貢獻。執行長同意了，她成為在場兩百人中唯一非醫生專業的參與者。論壇結束後，她寫信感謝執行長，並提出自己對醫病共創決策的意見與經驗，她不同角度的意見與實務經驗，讓執行長感到訝異，遂邀請她針對醫界發表演說。

呂秀惠的演說主題是「醫療白話文，圖像式溝通」。因為長期從事醫療溝通，她擅長從病人的角度思考，使用的語言都是病人能理解的日常用語，不會用太多醫療術語，讓病人心生畏懼。

這場演講讓許多醫療專家重新反思，紛紛邀請她到各家醫院演講，或是擔任提案評審，沒想到竟打開她更多的人脈與機會。從醫院、醫療組織到藥廠，紛紛提出邀約與合作，內容包括醫療團隊的溝通與專業能力訓練，專案管理到策略定位，甚至是醫病共創決策的規劃。

才創業一年多的呂秀惠有些應接不暇，原本只是想用創業的彈性來兼顧家庭，沒想到原來有這麼多需求，只得趕快擴充人手，更得搭高鐵，從南到北，趕赴各家醫院溝通提案。

最大的需求在於醫界需要轉換溝通方式，從外部或病人角度來思考溝通、管理與建立工作流程。但醫界本身是封閉的白色巨塔，很難靠自己的力量去完成，且因為是高度專業化的領域，外人也很難了解進入。

呂秀惠的多元歷練，讓她可以在白色巨塔內外進行溝通與整合。她提出許多不同於傳統的醫療溝通訓練，例如透過活潑的桌遊引導醫療人員進行討論與運用，甚至找上不是醫療溝通專業的我，擔任醫療溝通課程的講師，透過外行人的角度，讓內行人思考外行人的感受與需求。

我參與好幾場由呂秀惠主辦的教育訓練。例如針對胸腔肺阻塞疾病，訓練醫院的個案管理師（他們從護理師轉換，對肺阻塞病人做個案管理與諮詢）。我負責引導個案管理師，培養提問力與同理心，除了醫生的專業指導，也要從病人角度進行溝通。

我在演講中強調，真正的專業，就是用不專業的方式，讓不專業的人聽得懂、記得住，也願意行動。一位胸腔科主任聽完演講，緊握我的手，「我知道要用簡單精準的話溝通，但是自己很難跳脫醫生的角色，最後把專業講得越來越複雜，讓不專業的人聽不懂，我需要多練習站在病人角度思考。」

而呂秀惠的團隊則在訓練過程中，負責運用桌遊與專業病人模擬諮詢（受過訓練的病人，依不同情境需求與病狀，讓個案管理師模擬演練），透過直接的回饋與討論，有系統地培養個管師的能力。

從護理師到執行長，呂秀惠寫下三條S曲線：第一條是護理師（從醫院到校護）；第二條是藥廠經理人（公關、行銷與業務）；第三條是醫藥顧問執行長（策略管理、跨界整合）。

開窗與照鏡

破壞式創新的關鍵有變與不變。不變的是具備開放態度、好奇心與探索未知的勇氣，改變的是了解顧客需求變化，以及自我能力的提升與破壞。

如何培養不變的能力？我們平常可做的事情，就是開窗與照鏡。開窗是由外而內，從外部角度、他人觀點來了解各種複雜議題，質疑傳統，避免慣性思考或是基本歸因謬誤，讓自己呼吸到窗外流入的新鮮空氣；照鏡則是由內而外，經常自我反省，保持獨立思考，覺察個人偏見。

呂秀惠主要顧客是醫院與藥廠，經常跟醫生、護理師與藥廠溝通，但是顧客需要她協助的，不是醫療專業，這是他們原本就擅長的專業領域，他們最欠缺的，是從外部思考、溝通與整合的能力。

因此呂秀惠經常參與各種課程，除了學習不同專業能力，還跟不同學員互動，了解不同專業的想法與需求，並從課程中，尋找適合的教育訓練講師。此外她的工作需要訪談病患，了解他們的感受與想法，才知道醫療溝通的問題與改善之道。

許多人對既有的工作不滿意，卻不敢跨出職務界限；也有更多人不停換工作，卻越換越失望，始終找不到滿意的位置。其實在同一個職位，也可以不斷深化能力；在同一家公司，藉由輪調與轉換，也能夠培養跨部門整合能力；在同一個行業裡，透過不同部門、組織與職位，也能夠保持高度敏銳度，知道不同人的需求與問題，找到切入點，串連各種能力，再從外部學習更多能力，達到自我破壞，創造機會的能力。

例如江宜樺是在春水堂轉換部門與職位，提升自己的優勢；呂秀惠是在醫療領域轉換部門組織與角色，最後能整合出自己獨特的專業能力與視野；孫治華是一直轉換不同領域，最後從跨領域需求中，找到自己的商業模式。

從訪問許多管理書的企劃案例，我們可以知道一家企業要轉型，有如龐大航空母艦，很難馬上轉彎，需要組織部門重新調整，重新培養運用新科技的能力，無法靈活應變；但是小蝦米的個人可以，只要練習放下自己既有的優勢，尋找需求端的顧客問題，回過頭來培養自己的能力，就能靈活迴轉。

外界突然發生的重大事件或科技變化，對一家沒有變化，只有一條S曲線的企業來說，就如同冰山一樣，會使這艘穩定強大的巨艦，受到破壞式創新的撞擊。

同樣地，沒有變化的人生，遇到重大事件的挑戰，也會脆弱得無法適應。我們應該在平常多練習與變化相處，培養能適應變化的心態與能力，甚至學會在變局中找到機會。

本章提到的江宜樺、孫治華與呂秀惠都是如此，他們不斷與時俱進，放棄頭銜的優越感，甚至割捨原本優勢，反而活出全新自我。

摘要回顧：本章技巧提要

Disruption ── 自我破壞的進擊

機會的密碼經常隱藏在表象之中，唯有透過客觀的自我覺察，才能發現它的存在。

- 人生與企業的發展都像S曲線，必須有這二條、第三條，生命才能不斷蓬勃成長。而展開第二曲線最好的時機，是在第一曲線尚未觸頂前，這時才能掌握充足的資源（時間、金錢與精力），熬過第二曲線剛開始的底端；如果是在滑落之後，才努力逆流而上，不僅需要耗費更多力氣，也會付出更多代價。
- 當自己開始感到志得意滿，或是即將達成目標時，就要儘早設定新的目標，培養新的能力，展開新的學習與探索。即使這個過程可能需要自廢武功、砍掉重練，破壞自己原有的優勢也在所不惜。因為過去的成功，不保證未來成功，甚至會成為未來失敗的主因。我們只能不斷顛覆自己，從問題找機會，去加強解決問題的新專業與新視野，隨時準備迎接意外的挑戰。
- 當日常工作發生意料之外的事件，或是出現意想不到的問題時，也許就是出現第二曲線的機會。而需求端往往就是意料之外的事件與問題的起源，我們可以藉由評估三類顧客群：①尚未消費者，②尚不滿足的顧客，③過度滿足的顧客，找出創新顛覆的機會。

- 破壞式創新的關鍵有變與不變。不變的是具備開放態度、好奇心與探索未知的勇氣，改變的是了解顧客需求變化，以及自我能力的提升與破壞。要培養不變的能力，我們平常可做的，就是開窗與照鏡。開窗是由外而內，從外部角度、他人觀點來了解各種複雜議題，質疑傳統，避免慣性思考或是基本歸因謬誤；照鏡則是由內而外，經常自我反省，保持獨立思考，覺察個人偏見。

- 在同一個職位，也可以不斷深化能力；在同一家公司，藉由輪調與轉換，也能夠培養跨部門整合能力；在同一個行業裡，透過不同部門、組織與職位，也能夠保持高度敏銳度，知道不同人的需求與問題，找到切入點，串連各種能力，再從外部學習更多能力，達到自我破壞，創造機會的能力。

CHAPTER

7

適度分心，創造洞察的機會

（Distraction）

我們無時無刻不在搜索著，試探著，雖然對象目的可能不相同，但於宇宙人生的好奇和關懷總是大致相當的；不斷地想撥開雲霾，找到光明的蹤跡，想從愁城困境裡突圍，去追求自然的啟示，文明的面貌。

——楊牧，《搜索者》

周震宇——副業才是真正的主業

「各位晚安，我是震宇，」我對現場三百多位聽眾說，「但我不是周震宇，我是洪震宇，周震宇老師因為塞車，要晚五分鐘到。」

聽眾哄堂大笑，我是聲音表達專家周震宇這場演講的主持人，他遲到了，得先上台暖場，介紹講者。我跟聽眾分享兩位震宇如何相識的故事，過程中還模仿他的聲音，逗得大家哈哈大笑，讓現場氣氛變得輕鬆活潑。

幾分鐘後周震宇趕到現場，一上台，渾厚磁性的嗓音傳遍全場，收斂大家的目光。他朗誦〈楓橋夜泊〉的詩句「月落烏啼霜滿天」，讓大家理解聲音與文字的連結，「月亮是高的，霜是飄的，如何用聲音呈現畫面呢？」

除了聲音技巧的示範，周震宇還讓大家即席練習，體會聲音的力量。「你的心在想什麼，你的聲音就在想什麼，」他話鋒一轉，「請大家練習跟隔壁的陌生朋友說一句我愛你。」

大家有點遲疑，笑了起來，但還是轉頭跟身旁的人說句「我愛你」。

「我就知道，你的心不在這裡，」周震宇調侃大家，因為彼此不認識，當然聲音就會壓抑著，「只要心眼打開，聲音就廣闊。」

舞台上，他魅力十足，收放自如；舞台下，他不只教聲音表達與技巧，而是教導學員練習找出自己的聲音與自信，打開內心世界，流露最自然的聲音。

這條聲音專家之路，是意外闖蕩而來。他大學念資訊，對學業不感興趣，反而參與廣播社團，積極練習配音技巧，還在電台拜師學藝，參與廣播節目演出。

退伍之後，他到台中一家公司負責公關事務，由於這家公司是保守的老企業，能學習的地方有限，朋友介紹他利用下班時間做配音廣告，賺些外快。幾年下來，竟累積了三百支廣告，奠定他聲音表達能力的基礎。

但是他渴望有穩定的職涯發展，配音只是打工兼差，並非長久之計，便決定到台北求職，加入中央社商情部，希望能在這裡安穩發展。沒多久，因為網路熱潮，中央社內部主管要離職創業，成立網路公司「鉅亨網」，新公司需要大量人手，他決定義氣相挺，跟著新主管到鉅亨網，還可以領股票選擇權。

但當時網路公司的商業模式還不穩定，人員擴編太快，業務成長有限，加上遇到網路泡沫的衝擊，為了控制成本，只得降薪。但之後業績依舊未能改善，公司還是必須縮編人員，他最後選擇離開，股票美夢瞬間破碎。

從台中老家來到台北闖蕩，以為能獲得穩定工作，沒想到都無法如願，他心想，與其寄人籬下，不如自己創業。

他和朋友合夥成立公司，做貿易代理，一切從頭開始。他曾經買賣過網路公司，賺取仲介差價，也代理國外餅乾來台銷售，由於業績不穩定，得四處找生意機會，甚至還想賣石油。

為了彌補業績，他再度兼差教配音技巧、接配音廣告，只是公司業績起伏不定，每天為了找錢找生意，忙得焦頭爛額。

毒奶粉風暴帶來危機與轉機

沒多久，大陸毒奶粉風暴爆發，他代理的餅乾受到波及，導致公司業績大跌，甚至半年都沒有營收；這時又遇到過年，太太剛懷孕，公司也沒發薪水，該如何養家？對於公司未來，他與大股東有不同意見，最後大股東決定退出，但要求他用二百五十萬買回公司股權。

面對沒有收入，以及一年內支付大股東二百五十萬的壓力，周震宇不知未來該何去何從？他的太太馬可欣認為，他真正的才華在聲音表達，而非企業經營與做生意，過去花太多時間找尋事業機會，卻四處碰壁，更沒有餘裕思考自己的方向，現在不如回過頭，發揮自己曾忽視的能力。

他們決定重拾配音老本行，在家裡開班授課，客廳就是教室，登報招生教配音，沒想到班班額滿。授課時，周震宇發現，學員有一半不是要來學配音，他詢問學員的背景與需求，原來很多人是客服、業務銷售、電話行銷，甚至有中小企業老闆，他們對自己的聲音缺乏自信，想學習如何表達，希望聲音更有吸引力與魅力。

這個意外的發現，讓周震宇領悟到，配音員本身的市場太小了，他的市場定位不應該是配音員，而是幫助更多缺乏自信的人，透過聲音來提升自信，增加溝通能力。

這個洞察讓他轉換課程主題，決定開設「聲音表達基礎班」，與其他講師有不同的區隔。「以前我教你變成別人，學各種聲音技巧，後來轉變角度，教你變成自己，往自己靠近，喜歡自己才會有力量。」他強調。

口碑打開之後，他接著寫書，被媒體注意到，邀請他上節目、當評審，媒體效應提升他的知名度，帶來更多課程、企業內部訓練與配音廣告的邀約。

跟一般主攻企業內部訓練的講師不同，他不只投入企業教育訓練，更堅持與大眾溝通。他創辦的「澄意文創」，是台灣少數能持續以公開班招生的成人教育訓練機構，而且有各種不同主題，符合不同學員的學習需求。

例如「聲音表達基礎班」已經開了快八十期，邏輯表達力也開了三十多期。持續不間斷的累積，除了有學員基礎，也能打開知名度。且澄意文創的營收比重，公開班也遠高於企業內部訓練。

其中的關鍵在於直接了解學員的需求與趨勢。一般企業內部訓練課程很固定，很難隨著市場趨勢來調整，尤其學員都是配合公司政策來參加，學習動機薄弱。報名公開班的學員，都是自己付費，學習動機強，對課程內容的回饋也很多，讓周震宇能持續了解市場變化，不斷精進優化課程內容。

他一直沒想到，當時兼差的配音工作竟變成主業，反而解救了事業危機。但進一步想，如果沒有這段人生轉折，他的聲音表達與授課方式，可能會欠缺厚度，純粹是技巧招式，沒有扎實的內力。

還好他在職涯各個階段，都能持續兼差，維持聲音專業，才能化危機為轉機；更重要的是，他能察覺學員的特色與需求，轉換角度，轉變課程主題，讓自己的專業跟其他課程講師區隔，再創自己的事業。

狐狸與刺蝟

希臘詩人亞基羅古斯（Archilochus）曾寫下一段詩句：「狐狸知道很多事，但刺蝟只知道一件大事。」他筆下的狐狸，會以變化多端又新奇的方法，欺騙意圖侵入者，然而刺蝟只用一種方法，來迎戰以多樣又新奇的方法來侵犯自己的敵人。

英國哲學家以撒・柏林（Isaiah Berlin），引用亞基羅古斯的概念，將人分成兩類。狐狸型屬於追求各種目標、策略與戰術的人，他們穿梭於知識邊界，積極行動，容易擴散自己的想法；而刺蝟型的人只相信一套系統，畢生追索幾個根本問題，並試圖建立恢弘的知識體系。柏林認為，狐狸的代表是莎士比亞、伏爾泰或魯迅；刺蝟的典型則是柏拉圖、黑格爾或馬克思。簡而言之，狐狸型的人博學多聞，質疑一切，不拘一格，屬於通才；刺蝟型專注於核心，追求一種大觀念與法則，屬於專才。

從一九九〇年代到二〇〇〇年初期，管理學者柯林斯（Jim Collins）長期研究企業如何從優秀變成卓越，他的著作《從A到A$^+$》（*Good to Great*），研究一九六五年到一九九五年名列美國《財星》（*Fortune*）雜誌五百大排行榜上的企業，系統化地搜尋和篩選，最後找到十一家「從優秀到卓越」的公司。

他強調，能推動優秀公司邁向卓越的領導人，或多或少都屬於刺蝟型，他們運用刺蝟的天性為公司發展出刺蝟原則；反過來說，狐狸型的公司領導人，則沒有辦法掌握刺蝟原則的優勢，總是一心多用，前後矛盾。

柯林斯提出的「刺蝟原則」有三點：首先，找出你世界級的頂尖能力；其次，找出推動你獲利最高的經濟引擎；最後，連結到你對什麼事業充滿熱情。如果應用到職涯規劃，他建議要找出自己的頂尖天賦，哪個工作能得到最好的報酬，以及從工作中感受到熱情。找到專長、報酬與熱情三個圓圈的交集，就是對自己最好的刺蝟原則。

然而，這些優秀，甚至是卓越的企業，真的都是靠實力成為頂尖公司嗎？還是時勢所趨，甚至是一時運氣好呢？

德勤管理顧問公司（Deloitte）的雷諾（Michael Raynor）與幾個大學教授研究了十三本商業暢銷書推崇的二百八十八家優秀企業，看哪些企業真的禁得起考驗？他們在二〇〇九年發表這項研究，他們發現，不到二五％的公司是真的表現傑出，如果是以五到十年的區段來判斷，被認為是永續卓越的公司，剛好只是市場的幸運兒，而非擁有什麼過人的資源。

因此刺蝟原則有可能是暫時的效果，如果沒有持續隨著大環境變化進行調整，或是遇到黑天鵝事件的衝擊，就會陷入《反脆弱》指出的脆弱局面，因為刺蝟只知道一件大事，萬一這件大事有賞味期限，刺蝟可能會無法預見賞味期限，且無法逃離黑天鵝的追擊。

超級預測者打敗諾貝爾專家

讓我們先回到二〇一二年。問大家幾個問題，二〇一三年會有任何國家退出歐元區嗎？誰會贏得二〇一三年宏都拉斯總統大選？金價會攀升至一千八百五十美元以上嗎？未來八個月內，會再有多少國家出現伊波拉病毒病例？

現在看這些問題都已經有答案了，也有很好的分析解釋，但是回到二〇一二年，大家可能會很傷腦筋，會把問題推給專家，請專家們預測。這當中有一群人組成一個預測團隊，結果以超過一五％到三〇％的成績，打敗多位諾貝爾經濟學獎得主與各領域專家背書的預測。

這群人被稱為超級預測員及超級預測團隊，他們是何方神聖？不過是一群平凡的家庭主婦、失業工人及退休人員的組合。是什麼樣的特質讓這些人可以精準預測出離常人生活世界很遠的問題？

心理學與政治學教授泰特洛克（Philip Tetlock），在二〇〇五年出版了《狐狸與刺蝟——專家的政治判斷》（*Expert Political Judgment*，中文只有簡體版）。他的研究橫跨二十一年，歷經六次美國總統大選和三場戰爭，他找了平均年齡四十三歲，有十二·二年工作經驗，且擁有碩博士以上學歷的政治、經濟、歷史及新聞學專家，做了兩萬多則預測，研究結果卻發現，這些預測準確度竟然和「丟飛鏢的黑猩猩」差不多。

他認為雖然專家預測表現不好，但其中又以刺蝟型專家比較獨斷、斬釘截鐵，而狐狸型專家則比較謙虛，願意承認自己的無知，勇於修正觀點。

他之後又繼續研究專家預測的問題，透過計畫實驗與追蹤，找到一群超級預測員進行實驗與預測，擊敗許多專家學者，再將這個結果寫在二〇一五年出版的《超級預測》（*Superforecasting*）中。內容指出這群超級預測員普遍具有狐狸型特質，而每個人只要具有開放的心胸、多元思維模式、多方搜集資訊、側重分析、不斷自我鞭策、時時更新觀點，就能成為超級預測員。

再聰明的刺蝟，也有賞味期限；相對地，狐狸天性多疑，他們經常變化，喜歡向不同領域探求與學習，隨時準備修正自己的看法。他們不相信有個不變的基本規律能左右世界，世界變化快，許多複雜因素環環相扣，往往牽一髮動全身，只要一個外在突發事件，或是人事異動、人際變化，只要一個變數改變，就容易導致偏離原本目標的結果。

且狐狸也相信，世界多變的樂趣，在於充滿反例、異常、錯誤和混亂的事物，這些事物既能顛覆既有優勢，也能異軍突起，創造新的機會。

太專注會被世界顛覆

世界跟我們想得很不一樣。學者阿瑪．拜德（Amar Bhide）研究新創事業的發展歷程，發現成功的新創公司中，有七〇％採行與創業時不同的策略。

如網飛（Netflix）最初是透過網路租借DVD，但是一路調整，現在則是利用媒體串流技術出租影片，甚至成為製作內容的娛樂公司；蘋果公司也從電腦轉變成手機與平板電腦，甚至成為娛樂平台；谷歌也從網路搜尋軟體一路進化，進入各個科技領域中。

如果我們一直專注維持自己設定的既有目標，沒有花心思關注外在許多有趣的潛在機會與變化，最後有可能如阿瑪．拜德的觀察，只有三成的機會能夠實現目標。

面對不確定的時代，我們不能只專注刺蝟原則，忽略周邊環境變化，反而應該先當狐狸，廣泛接觸了解，不過分專注執著，夠適時分心、停頓，透過不同領域的探索與學習，修正與確認目標，再像刺蝟般全力投入。而過程中還是得再空出一些時間、像狐狸般探索，來回循環，才不會變成自負的專家。

就像周震宇原本一直把配音當副業，但是職涯峰迴路轉，最後發現，被忽視的副業，才是改變他人生的主業。如果他沒有分心在這個有興趣的副業上，甚至從中看到學員學習的真正需求，當機立斷調整方向，可能到現在還是把配音當成救急的副業。

幸好周震宇的太太馬可欣發現，他最大優勢不是經營事業，而是聲音教學，要求他對苦撐很久的貿易事業做出決斷，先發展配音事業，才有後續的發展。過程中又發現顧客潛在需求，一再修正教學主題，創造事業的獨特定位。

在經營教學事業時，周震宇是刺蝟，馬可欣則是狐狸。周震宇只要做好一件事，就是研發課程與講課，馬可欣負責接案、企劃、營運、排課，並與客戶溝通。

如何當個狐狸？或是有刺蝟特質的人該如何擁有狐狸特質？以周震宇的例子來看，他的時間分配類似八〇／二〇法則，在擔任貿易公司總經理時，八成時間忙於事業，兩成時間從事聲音教學，維持人脈與知名度。這樣的作法無意間維持他原本的優勢，成為後續事業再起的關鍵力量。

八〇％的時間投入在日常工作中，屬於刺蝟型的時刻，但同時也要釋出二〇％的時間去學習狐狸的探索，認識異質的人事物，刺激自己的觀點，因為在不同領域交流穿梭時，身上可能在無意間附著機會的種子，只要在適合的氣候與土壤中，在天時地利人和的情況下，就會生根發芽、成長茁壯。

過度專注，就像進入隧道，只循著遠處的光芒前進，雖然專注有效率，但也會窄化視野，忽略隧道之外可能更重要的事情，心理學上稱為「隧道效應」，讓我們對偶然的機會視而不見。不妨暫停與分心，看看身邊，凝視窗外，也許會讓你大吃一驚。

周震宇從事貿易工作時，就陷入了隧道效應，整天到處找機會，處理緊急的事情，心智都被綁架了，無暇注意更大的可能性。後來開配音課程，原本目的也有侷限，像手電筒聚光照射在趕快賺錢，才能還錢的小目標。

但是無意間，他詢問學員，「你們又不是要當配音員，為什麼要來學配音呢？」學員的回答讓他大吃一驚，也點醒了他，打破了隧道效應，腦袋有如脫離隧道般大放光明，重新定位客群，重新設計課程，也重新學習當一個更好的講師，改變了他的人生。

活在不確定的世界，需要狐狸四處探索精神，更需要放下太強烈的自我觀點，才能廣納各種奇花異草，豐富視野。

心思飄移的好處

太專業，容易受制於自我框架與舒適圈，但不夠專業，又無法深度了解世界的變化。同樣地，太專注會受隧道效應影響，但不專注的分心，也容易變得淺薄。

《深度工作力》這本書認為，在淺薄時代，人們容易分心在各種資訊與社群媒體上，失去深度思考、深度工作的能力。這章主題不是反對專注與深度，而是提醒，過度專注會忽略其他可能性。在專注之餘，要能夠自由切換觀點，抽離停頓，不要把發現異常異端當成噪音或錯誤，因為這可能才是新發現與新洞察的機會。

尤其現在專業分工越來越細密瑣碎，各行各業紛紛築起高牆，彼此難以溝通，過度專業的專注，容易形成小圈圈，只在內部交流，帶來沾沾自喜且窄化的小創新，卻忽略了專業串連的價值，難以產生橫向溝通整合的巨大創新。

專心與分心，並非兩難，而是一種相輔相成、帶來洞察的遊戲。

EQ之父高曼（Daniel Goleman）在《專注的力量》（*Foucs*）有一章談心思飄移的價值，雖然心思飄移看似會妨礙我們當前專注的任務，但更有可能解決攸關我們一生的問題。

例如有注意力缺失症的人，跟沒有此病症的人相比，呈現較高的原創思考能力，以及更多創造性成就。維京集團的創辦人布蘭森（Richard Branson），就是患有注意力缺失症反而創業成功的典型代表。

高曼在這本書也指出，當挑戰一個創造性的任務，例如為積木尋找新奇的使用方式，注意力缺失患者的表現往往優於他人。而在另一項實驗中，心思飄移的人，跟注意力完全集中的人相比，多出四〇％的原創性答案。

他認為，大腦通常在放鬆、開放專注的狀態下歇息，是一種做白日夢的幻想狀態，大腦在神經迴路中儲存各種不同訊息，而自由漫步的意識，提高了偶然的集合與新鮮組合的機會。

適度地分心，刻意地分心，有意識地探索與好奇，而非隨波逐流的分心，才能讓分心帶來的價值。

但不論專注或分心，前提都是要包容跟自己想法不同或期望有差異的意外事物，不刻意視而不見，而要留心注意，辨認可能帶來的新意義。

例如美國製藥公司輝瑞想研發紓解心絞痛的藥，他們推測，只要阻斷一種第五型磷酸二酯酶酵素（PDE5），就能紓解心絞痛，防止心臟病發作。他們不斷實驗，隔離出一種化學品，能放鬆兔子、狗與老鼠的動脈，促使動脈擴張。他們開始針對自願者進行臨床實驗，可是效果卻不如其他已經上市的心絞痛藥物。但他們發現一個奇怪現象，某些服藥男性持續要求輝瑞給藥，經過追蹤與面談，才發現這個藥品會產生奇特的副作用，男性服藥後能持續勃起。

這個特異發現，讓研究人員嘗試找出關聯性，最後才推出了威而鋼。如果當初研究人員把這個現象當成茶餘飯後的笑話，毫不在意背後的意義，繼續研究心絞痛，就不會發現這個天大的機會。

這類機會通常稍縱即逝，如果當下沒有發現、迅速掌握，持續追索，機會大門很快就會鎖上，再也不會開啟。而即使我們再專注、再專業，投入再多資源與時間，也不一定總是能掌握這類偶然的機會。

英國心理學家韋斯曼（Richard Wiseman）專門研究幸運，他曾做一個實驗，請容易焦慮以及個性輕鬆的人，分別到一家咖啡廳接受訪談。個性輕鬆的人剛要踏進咖啡廳，就看到故意放在地上的五元鈔票，覺得自己真是幸運兒；而那些緊張的人，光想著待會兒要講什麼，對地上的鈔票總是視若無睹。

韋斯曼還做了另一項實驗，找志願者算一份報紙有幾張照片。幸運者較容易注意到第二頁的半版廣告中，以大大的粗體字寫著：「別算了，這份報紙有四十三張照片。」

他認為，人們總是把注意力放在自己在意的事物上，經常忽略周遭的其他層面。運氣差的人容易焦慮，注意力較為狹隘，因而錯失日常生活中從天而降的良機。

「幸運的人擅長發現自然產生的機會，並不是主動尋找這些機會，而是對人生的輕鬆態度讓他們注意到周遭的事物；諷刺的是，他們之所以看得多，完全是因為他們並沒有太努力去看。」韋斯曼在《幸運的配方》（*The Luck Factor*）指出。

分心是為了專心，是為了打破僵局。透過轉移焦點，產生頓悟，帶來洞察，才能再更好的方向專心。適當地分心與好奇，才有機會像槓桿般，撐起另一個想像不到的大創新。

然而我們要怎麼有計畫性地分心，才不會墜入淺薄境界，而是發揮洞察力，創造更多意想不到的機會呢？知名作家、創意人褚士瑩，有一套黃金組合的好方法，可以結合專心與分心，創造探照燈的智慧，幫助我們培養洞察力，看到跨領域合作的機會。

褚士瑩——人生黃金組合的秘密

採訪褚士瑩時，他才剛從墨西哥、阿拉斯加的太平洋東岸航海歸來。他成名很早，出了四五十本書，像候鳥一樣，穿梭在台灣、緬甸、泰國，還有世界各地。他四處自由旅行，讓人羨慕，但是長年在國外工作，我們對他的認識看似熟悉其實相當陌生。他幾乎都不在台灣，往來匆匆，他也坦言，在台灣沒有太多人脈。

且來回台灣與世界各地，機票錢一年就要花一百萬元，他要怎麼養活自己，旅行可以當飯吃嗎？當然不行！對褚士瑩來說，旅行是目的、過程，也是結果。他有一套黃金組合，應用在旅行、志業與事業上，各自獨立，又彼此串連，且紀律與散漫兼具，讓他能夠賺錢，又能實踐理想，不讓人生留下遺憾。

他高中就去新加坡當交換學生，大學利用寒暑假出國去日本、埃及的大學修學分，大學畢業後到埃及的開羅念新聞碩士，最後再到美國哈佛念政策管理，畢業後待在高科技上市公司工作。

這並不是順理成章的決定，他知道自己真正的志趣，在於從事非政府組織（NGO）工作，但是理想不能當飯吃。他的父母都是公務員，自己對錢也沒有太多概念，需要累積商業運作的實務經驗，培養理性務實的金錢觀，才能幫助自己發揮所長。

他的工作是客戶服務總監，負責幫科技業規劃到各地設廠、投資與開發，以及跟當地政府溝通。「有人付錢教我做生意，我的金錢概念在這段時間清楚多了，」褚士瑩喜歡一魚多吃，讓工作更有趣，「當然也要找有人付錢讓我到處旅行的工作。」

瞧，他真的是一面專心，又找機會分心。利用工作之餘，去體驗當地風土人情，完成任務，又滿足好奇心。

另外，褚士瑩從小就不喜歡說話，喜歡閱讀與寫作，藉由文字表達跟外界溝通。他從高中時期就開始寫作，念大學時有機會出書，讓他開始有計劃地寫作，每半年就出一本書，每年都會跟出版社編輯討論趨勢變化，設定寫作主題，符合讀者需求與社會氛圍。

經常在世界各地旅行與工作，處於周圍都不是中文的環境，出中文書可以讓他跟台灣讀者溝通，建立個人品牌，加上有稿費與演講收入，也算是一種黃金組合。

因為他幾乎都不在台灣，所以聘請了一位經紀人安排演講與各種活動，但後來發現經紀人接了太多商業活動，不符合他的價值觀——他想對不同性質的組織單位溝通，例如偏鄉離島、NGO與社福團體優先，商業邀約次之——因此又更換了符合他期待的經紀人。

他回台灣工作時很有紀律，每年只安排一百場演講，每次回來兩週，一年回來四次，一天安排兩場演講，「這些都是皮肉錢，讓我可以繼續做NGO的工作。」台灣是褚士瑩黃金組合最穩定的基礎，另外兩塊拼圖，來自他在三十歲之後轉變的成果。

二十九歲那年，他做了一個決定，三十歲之後要投入NGO工作，轉行之前，要給自己一個難忘的禮物。

這個禮物是什麼？他突然想去航海，因為飛機能飛到的地方，他都去過了，但很多地方是飛機到不了的，例如海洋與港口。面對遼闊大海，人相對脆弱渺小，「我想重拾對大自然的敬意，搭飛機會讓人覺得自己很厲害，人看似很巨大，世界很渺小，航海是很好的提醒，世界這麼大，人卻這麼脆弱。」褚士瑩反省。

如何便宜又有效率地航海？他發現，原來還有專門幫忙規劃船期的仲介者，只要付服務費，就能幫他規劃拼湊在不同港口串連「搭便船」。不過因為是搭便船，相對要有付出，例如出賣勞力，或是對水手、乘客提供課程教學。

這一年的航海經驗，不只讓他考上水手證，面對大海有更謙卑的態度，也讓他到緬甸從事ＮＧＯ工作時，還是難以忘懷海上的孤獨自由。他決定每年都要航海八週。

隔年透過介紹，找到一家荷蘭郵輪公司，他提案可以在船上教學，教船員跨文化溝通，讓他們了解不同國籍文化，避免誤解與衝突。這個很有意思的提案，讓他如願以償，只要事先安排船期，就可以在船上工作。一天只要工作一小時，就有鐘點費（一百至三百歐元），剩下就是自由時間，可以在船上運動、閱讀與寫稿。

航海原本只是滿足冒險的夢想，沒想到竟成為褚士瑩黃金組合的關鍵點，能夠串聯台灣與東南亞這兩個空間與經驗。

他在東南亞的工作是什麼呢？他為緬甸邊境難民營提供農業培訓和手工課程，也在緬甸北方克欽邦（Kachin State）的內戰衝突地區對武裝部隊培力，訓練他們進行和平談判，還有停戰協議的能力。他在美國科技業學到的溝通、規劃與商業模式思考，幫助他從事培力與輔導工作時，有更宏觀與務實的思維。

他每年要穿梭跨越三個不同空間；東南亞是理想與熱情的實踐場域；台灣是溝通的地方，每年在台灣出兩本書，從事一百場演講與工作坊課程，維持個人品牌，也能賺取收入；每年航海八週，透過航海的大量空白時間，將兩地的經驗與故事，重新整理與沈澱，變成新書的內容。

這樣做的代價並不便宜。首先是收入不穩定，永遠無法知道明年的確切收入，加上一年在飛機上的時間高達一百天，機票成本更要花一百萬元，但是在三個場域不斷移動，能讓他跳脫舒適圈，保持不同視野，有更新鮮的角度，並能維持活力。

旅行中工作，工作中旅行

褚士瑩為什麼會這麼嚴以律己，有效率與效益地規劃人生呢？答案來自他的航海體驗。

海上每週都會進行落水逃生的演習，他很清楚知道，人一旦掉到海裡，只有三分鐘的逃生時間，否則就會失溫休克溺水。生命在電光石火之間，只有三分鐘的黃金救援時間，再來就會回天乏術。

他常想像，萬一人生只剩三分鐘的時候，該怎麼辦？他腦海有如走馬燈般跑出無數畫面，不過他的答案卻越來越清楚，就是要做自己喜歡、有熱情與有意義的事情。

因為要做的事情很多，時間又這麼有限，必須有紀律地規劃與執行。「我在不斷移動中可以保持視角敏銳，一直做同樣的事情，就會掉入舒適圈，我不得不移動，逼迫我檢視自己。」褚士瑩說。

他在東南亞ＮＧＯ組織專心做自己的志業，也專心在航海旅程上與飛行途中閱讀與寫稿，同樣在台灣專心進行各種演講與交流。這三個領域看似專注，同時又會分心，在東南亞工作時，有空就幫台灣寫專欄、寫稿；在台灣演講，也會跟在地交流，思考東南亞的工作方向；航海時專注寫稿，又時常放空體驗大海的遼闊、各個港口的人文特色。

他一面工作，一面旅行；旅行中工作，工作中旅行。在這三個領域專心、分心、沈澱、體驗，各自獨立，又彼此交融。

他不是長期規劃一個大目標，而是藉由黃金組合，讓自己有更多創意想像與能量，不會自我封閉。「規劃都是假的，隨時準備好才是真的，要留意四周的機會，就要培養一定的能力，才能看到外行人看不到、也把握不到機會。」

專心與分心，旅行與工作，我想到星巴克創辦人霍華・舒茲（Howard Schultz）的故事。星巴克原本是一家賣袋裝咖啡豆與咖啡粉的公司，舒茲負責行銷業務，去義大利米蘭考察。一大早從旅館步行到商展會場，半路上走進一家小咖啡館，他點了濃縮咖啡，看到咖啡師傅一邊純熟優雅地煮咖啡，一邊還能跟客戶閒話家常，他感受到這家店不只是咖啡休憩站，也像一座劇場，值得細細品味它的精神內涵。

他一路上駐足觀察許多咖啡館，每一家都有手藝高超的咖啡師傅，為一群看來不像顧客、更像朋友的鄉親調理咖啡，大家彷彿喝完咖啡，生活步調就會慢下來。這些情景觸動舒茲的心弦，感到思緒奔騰，彷彿已預見自己與星巴克的未來。

他這趟行程原本的目的是參加商展，卻意外喝到一杯義大利濃縮咖啡，看到街角咖啡館的情景，觸動他的內心，啟發他創辦新事業的想法，最後創造了最知名的咖啡企業，甚至改變整個咖啡產業。

商展重要嗎？重要！也許能爭取眼前的業績，認識不同的人脈。但是停下來喝一杯咖啡，觀察街角與咖啡館的人事物，也許才會產生意想不到的機會之網，將人脈、業務重新組合，創造更多奇蹟。「對我來說，偶爾停下來片刻，品嘗新東西，思考它的可能性，始終樂趣無窮，」舒茲在《勇往直前》（*Onward*）這本自傳寫著。

分心在對的地方，自由切換主客觀開關

英國倫敦有個從二〇一〇年就每年定期舉辦的無聊大會（Boring Conference），討論的議題核心就是「無聊」，創辦人叫瓦德（James Ward），是一位行銷主管，大會演講主題包括電動烘手機、自己的領帶收藏、噴嚏（講

者寫了三年的噴嚏日記）、停車場屋頂、甚至是公車路線。這場大會充滿自嘲、幽默的氣氛，他們想證明，一切事物都可以很有趣。

瓦德認為，當我們用無聊來形容事物時，代表沒有仔細研究，才會看起來很無聊，如果深入研究觀察看似平凡的日常事物，會發現其中蘊藏的趣味。他形容這是一種注意轉化力（transformative power of attention），一切事物都可以全神貫注地研究，挖掘隱藏其中的趣味、重要性和美麗，把乏味平凡的主題，變成意義非凡的故事與概念。

舒茲在米蘭咖啡館的體驗，就是透過注意轉化力，產生新概念、新事業。但是去米蘭考察咖啡、體驗咖啡館的人們這麼多，為什麼只有舒茲發現其中的價值呢？

關鍵是有沒有好奇心跟能不能去發掘樂趣。只要活在當下，對各種事物都充滿好奇，就能發現樂趣。但是我們大部分時間都在設定目標，追求目標，當我們緊盯目標時，很難全然地體驗當下，享受當下的樂趣。

就像隧道效應一樣，往隧道遠端的亮點奔去，卻忽略隧道以外的視野。隧道之外，可能會出現一些不符合預期、違反常態的意外事物，但是當下我們覺得無聊無趣，或是沒有深入慢想細思，也許最後目標達到了，但是更有意義的創新與機會可能早就溜走了。

許多有創意、有行動力，有豐富作品的人（寫作、產品、特殊成就、或是獨特商業模式都算作品）都具有注意轉化力的特質，進一步來說，也就是主觀與客觀自由切換運用的能力。

以褚士瑩為例，他的黃金組合內容，包含當他在東南亞工作時，早晨會去跑步、騎車，晚上空閒時間會寫台灣的專欄，關注台灣社會趨勢變化；當他在航海時，一面享受蔚藍海洋，或是體驗海上狂風暴雨，另一方面也有更多時間思考與寫作；當他在台灣時，除了到各地演講，也去偏鄉從事產業輔導，感受風土人情，同時也觸發他思考東南亞的工作。

他能有效運用時間，真正體會與探索當下每段時光，彼此交集與串連，帶來快樂的感受，以及豐沛的創意，也才能一年出兩本書，連續出了四十多本。

我很崇拜的美國開國元勳、成為百元美鈔肖像的富蘭克林，他也是能交互運用主客觀的思維，跨多重領域且生產力豐富的實踐者。他除了是政治家、外交家，也是在電學、氣象學和光學有研究貢獻的科學家，發明避雷針、新式火爐、尿導管與里程表，甚至還是籌設第一家圖書館（費城圖書館）和第一所大學（賓州大學）的教育家，更是影響後世的偉大作家。

這種自由切換主客觀思維的特質，我形容很像小說《冰與火之歌》裡的易形者（skinchanger），就是能侵入動物或他人意識，並控制其行為的人。我認為有洞察力的易形者，具有敏感的天線，彷彿能附身在他人身上，能感受他人的感受、說不出的痛，理解他人需求，進而挖掘出表象以下的潛在需求。

我們每個人都有自己與生俱來的主觀意識與價值觀，以及後天培養累積的知識與見識，但為了避免陷入自己的主觀偏狹觀點，就需要多元觀點的衝擊與交融，彼此來回切換。對他人充滿好奇，從無聊平凡事物中萃取精華，才會經常有不同的想法、點子與機會。

站在四九%這邊

日本知名的設計大師水野學在《點子接著劑》（アイデアの接着剤）中提到，想要獲得最佳創意提案，光靠自我判斷，相信自己絕對正確，最終只能答對百分之五十一，也就是已知的常識或是定理；剩下的百分之四十九是不確定、意想不到，但未來有可能發生的事情。

我延伸五一%與四九%的意涵。自己能掌握的專業占五一%，不能掌握的他人主觀想法、不確定的人事物變化，則占四九%。一件事的成功，要達到一〇〇%，就得靠主客觀的結合，缺一不可。

我們的機會，不在主觀能掌握的五一％，而在客觀無法掌握的四九％。如果我們一直精進自己的專業，卻忽視他人的狀況與需求，就會越鑽越深，離現實越來越遠。

反過來，放下自己的主觀，先不帶任何偏見了解外界狀態，從客觀世界中打滾累積，從中獲得一些微妙的洞察，再帶回自己的專業領域咀嚼研磨，才能找出最佳化的解決方案。

這是一種分心的加法概念。各種知識要越搜集越廣，觸角天線也越廣越好。看似混雜、浪費時間，但是能掌握更多脈絡，了解更多他人的想法，才能知道四九％的實際狀況。

接下來才是進入專心的減法階段。我們從自己五一％的專業知識庫中，結合四九％的外在知識脈絡，消化整理之後，從中重組、整合、轉換，最後才可能找出最佳化的創意提案。

舒茲當年從米蘭回到西雅圖，把他的見聞告訴三位老星巴克創辦人，他們對他打算在西雅圖複製義式咖啡館的夢想並不感興趣，令舒茲非常失望，決定離職創辦一家咖啡館來實踐夢想，一路調整精進，找尋商業模式，甚至在最後買下了老星巴克公司。

舒茲是站在四九％這端思考，而老星巴克創辦人則是站在五一％這裡堅持，他們彼此都想不到後來的結果。舒茲將四九％的啟發，結合五一％的專業，重新轉化成新的商業模式，改變了世界，而原來的創辦人則被世界改變。

記得本章開場時，我在演講現場告訴聽眾，我是如何認識周震宇。我們除了名字相同，也沒有共同朋友，是臉書上一位朋友提到，他的學長跟我同名，很優秀，值得互相認識，我們兩人才成為臉書朋友。

後來周震宇邀我去他參與的扶輪社演講，之後也沒再聯繫，直到有一天，我從台中搭高鐵，找到位置坐下來，翻閱隨身攜帶的書，聽見渾厚有磁性的聲音從隔壁傳來：「震宇兄。」我轉頭一看，身旁竟坐著周震宇，怎麼這麼巧！

我們再度意外相遇。這次聊得更多更深，聊到他的工作，才知道原來有職業講師這個行業，更談到講師的工作內容，大眾與企業教育訓練的需求。

沒多久，我開完十堂誠品講堂的課程，最後一堂「說故事的技藝」竟然爆滿，人數達到一百四十人（原本每堂是一百位學員），實在很意外，原來有這麼多人對說故事有興趣。

當時有個遺憾，講堂的單面向授課，學員只是坐著聽講，雖然我很努力提問與討論，但是固定面向講者的座位，以及人數太多，導致實質互動有限，也缺乏深度的實作練習，學習效果很有限。

我不想只是單面向地傳授知識與學問，而希望帶領學員具體做出改變，就需要改變課程設計，並採用小班人數，才能深入互動討論。

有了這個念頭，我開始思考，如何讓說故事這門課能夠再精進，幫助學員練習說出好故事，有什麼單位可以讓我有系統地開課，實現想法？

突然想起周震宇的澄意文創，如果在他們那裡開班授課，以工作坊的形式，實際帶領學員演練與反饋，應該會帶來有益的學習效果。我主動跟周震宇聯繫，剛好他們也需要更多元的課程搭配，就促成我在澄意文創開設「好好說故事」工作坊，接著還陸續開設其他課程。這些課程不僅磨練我的教學引導能力，建立教學知名度，也有機會跨入職業講師這行，參與不少企業的內部教育訓練，學習不同專業知識，甚至帶來許多有趣的合作機會。

如果那天不是這麼巧合地坐在一起，也不會引發後續這麼多變化。

當我說完這個故事，周震宇就出現在演講現場，這是我們第一次同台演講，狐狸與刺蝟的登場。

摘要回顧：本章技巧提要

Distraction——適度分心，創造洞察的機會

分心是為了專心，是為了打破僵局，轉移焦點，產生頓悟，帶來洞察，在更好的方向專心。

- 如果我們一直像刺蝟專注維持自己設定的既有目標，沒有花心思關注外在的潛在機會與變化，最後可能只有三成機會能夠實現目標，因此比較好的做法反而應該先當狐狸，廣泛接觸了解，不過分專注執著，夠適時分心、停頓，透過不同領域的探索與學習，修正與確認目標，再像刺蝟般全力投入，並在持續在過程中空出時間，像狐狸般探索，來回循環，才能面對這個世界的不確定。
- 過度專注會忽略其他可能性。在專注之餘，要能夠自由切換觀點，抽離停頓，不要把異常異端當成噪音或錯誤，因為這可能才是新發現與新洞察的機會。
- 專心與分心，並非兩難，而是相輔相成、帶來洞察的遊戲。適度分心，刻意分心，有意識地探索與好奇，而非隨波逐流的分心，才能讓分心帶來的價值。

● 每個人都有自己與生俱來的主觀意識與價值觀，以及後天培養累積的知識與見識，但為了避免陷入自己的主觀偏狹觀點，就需要多元觀點的衝擊與交融，彼此來回切換。對他人充滿好奇，從無聊平凡事物中萃取精華，才會經常有不同的想法、點子與機會。

● 想要獲得最佳創意提案，光靠自我判斷，相信自己絕對正確，最終只能答對百分之五十一，也就是已知的常識或是定理；剩下的百分之四十九是不確定、意想不到，但未來有可能發生的事情。一件事的成功，要達到一〇〇%，就得靠主客觀的結合，缺一不可。

CONCLUSION

結語　機運漫遊者

我將獨自把奇異的劍術鍛鍊，
四處尋覓聲韻之偶然；
彷若行走於石子路上，
在字裡行間踉踉蹌蹌，
有時，迎面撞上長久渴望之詩句。

——波特萊爾（Charles Baudelaire），《惡之華》（*Les Fleurs Du Mal*）

成功為成功之母

二〇一七年暑假，我應中華電信基金會邀請，帶著近三十位大學生，到高雄甲仙舉行三天兩夜的田野調查之旅，第一站就是去甲仙國小，請張永豪擔任拔河教練，教大學生拔河，還跟拔河小將們比賽，結束後孩子們意猶未盡，還邀請大哥哥大姐姐比大隊接力。

看著大小孩子們奮力快跑的開心模樣，張永豪突然告訴我，這是最後一次帶拔河體驗了。暑假結束後，他就要轉調到高雄阿蓮區復安國小，這次離永康更近，住在家裡，能全心照顧父母。

其實在甲仙這麼多年，好幾次都想調職，希望能就近照顧父母，但是因為拔河隊的責任，讓他放心不下，也不忍心讓鄉親與孩子們失望，就一直延遲申請調職的時間，直到獲得全國冠軍，長久的心願已了，他才開始認真想調職的事情。

他細數這些年的拔河成績，聊起每一代拔河隊的特色，充滿不捨情感。

「我常講學生才是我的老師，學生積極努力認真的心態，領著我去帶他們練拔河，」他說，「偏鄉學業比不贏市區，沒有好環境，學生反而想要去拼，從拔河找到舞台與成就感。」

無論再怎麼承擔，終有落幕的時刻，拿到師鐸獎，讓張永豪圓夢，寫下人生里程碑，也決定在最美好的時刻告別甲仙。

現在他已經在阿蓮的復安國小任職，每天開車上下班只要二十分鐘，當然也不用繳國道來回八十元的過路費。學校沒有拔河隊，他原本只想專心教學，但後來還是心癢難耐，成立了拔河隊，展開新的訓練。

「每天回家照顧父母，父母和我都有安全感，」他說，「我會想念甲仙，在那裡奉獻十年，有很多甜美的回憶，現在也常和甲仙的學生聯絡。」

這趟意外的旅程，他得到最大的啟示就是，「成功為成功之母，先有一個成功的鼓勵與喜悅，才能得到下一個成功。」

如果沒有意外獲得高雄市運會拔河冠軍，就不會激勵他們開啟全國冠軍之夢；如果當時拔河輸了，就跟籃球、桌球與田徑一樣，安靜地打道回府，也不會有後續可歌可泣的《拔一條河》紀錄片、全國冠軍，甚至是甲仙小旅行⋯⋯。

意外的成功，能持續下去且帶來更多成功的前提在於，張永豪是位自主探索的學習者，而非被動的工作者。機會是探索來的，不是自動掉下來的，即使是天上掉下來的禮物，沒有探索的心靈，也不會被注意到。

他可以只專注教學與行政工作，這都是老師的分內工作，但是他並不局限在單一視野，反而深入探索拔河機會與訓練。為了解決資源不足的問題，激發他更多想法與創意，例如用床板取代拔河道，讓學生能在克難環境中練習。

本書提到六個創造機會的方法，張永豪就運用了五種，包括刻意製造混亂、歪打正著的意外發現、面臨絕境的正面思考力量、自我顛覆，以及適當分心、找到洞察的機會。

唯一缺少的是多元化人脈。身為一位老師，人脈有限，但是他的投入與執著，感動其他人共同支持拔河隊，才會有家長的支持，甚至影響導演楊力州來拍攝拔河紀錄片，產生巨大的連鎖效應。

第一次意外的成功是幸運，但是接下來的成功，則是張永豪與不同人脈網絡一起拔出的成果。張永豪的故事說明了，持續成功，或是持續好運的關鍵，在於人脈網絡帶來的連結效應。

接下來我想從一位化學家跨入微生物學與醫學的例子，說明如何用專業帶動人脈網絡連結。

機會青睞有「位移」與「轉譯」的心靈

一八五四年，三十二歲的法國化學家路易・巴斯德受聘主持在里爾新成立的理學院，他的就職演說流傳最廣的一句話就是：「機會青睞有準備的心靈。」在就職演講兩年後，里爾一位發酵廠老闆來找他求救，因為廠裡的酒品質變差、口感變酸，發酵槽產生惡臭，好幾家以甜菜製酒的工廠都發生一樣的問題。

巴斯德只是化學教授，但他懷疑發酵應該不只是化學過程，而是生物過程，因為酵母是微生物。他用顯微鏡檢查發酵液，發現出問題的發酵槽都是乳酸桿菌，而非酵母菌，因此發表研究論文，強調發酵是微生物的作用。

化學家竟然成了微生物學家！接下來他受委託研究炭疽病，這是讓農人聞之色變的家畜殺手。他訪問牧場主人，並將實驗室搬到牧場，深入研究，確認炭疽菌就是病媒，細菌孢子散布在草地，成為病媒傳播場。他無意中發現蚯蚓扮演的角色，因為蚯蚓在地下挖隧道、吃埋在地下的病畜死屍，藉由翻攪泥土，將地下深處的病菌帶到地面。

巴斯德不斷研究傳染病，最後研發出炭疽病疫苗，幫助農業與畜牧業解決問題，並從化學界跨入醫學界，因為他的成就與影響，二〇〇五年被票選為「最偉大的法國人」的第二名（第一名是戴高樂）。

為什麼在這個網路科技時代，要談論十九世紀末的巴斯德呢？巴斯德身處的時代，也是一種轉型、混亂的時代，公共衛生與醫學的創新，就像今日的網路科技創新一樣，蓄勢待發。

當時法國政府已經注意到人民工作權與公共衛生的重要性，認為國家的強大，來自國民的健康，但面對神出鬼沒的流行病，衛生學者幾乎束手無策。巴斯德不僅從化學界跨入微生物學，證明微生物的存在，還具體解決各種公衛問題，創造他獨特的歷史地位。

法國社會學家拉圖（Bruno Latour）在《巴斯德的實驗室》（*Pasteur*）指出，這不只是一個英雄逆轉的故事，而是巴斯德如何藉由獨特的方式，推動創新改變的過程。

他強調，巴斯德擅長「位移」。位移有兩種空間意義：第一是在不同現場，透過觀察、研究與實驗的能力，例如他把實驗室搬到農場，把病菌帶回實驗室研究，再將實驗室培養出來的病菌與疫苗，注入羊隻體內進行實驗。第二種空間意義是跨領域的橫向位移，他研究不同學科，解決不同問題，彼此累積，透過連結產生創新。

巴斯德不只透過位移解決問題，還能將他發現的微生物知識，「轉譯」給不同領域的人了解，進行結盟合作，包括政府官員、公衛學者、民間醫生以及軍方，透過不斷溝通說服，形成合作網絡，才讓這門學問發揮力量。

如果重新解讀巴斯德「機會青睞有準備的心靈」這句話，應該是指需要具備兩種心靈——位移與轉譯。

首先是位移，就是累積現場知識，在混亂狀態中，尋求歪打正著的發現，藉著不斷自我顛覆、改變僵化認知，並藉由適時分心，看到洞察的機會；其次是轉譯，類似建立多樣化人脈網絡，在人脈結構洞之中，提供自己的獨特發現與情報，進行跨領域交流，啟發其他人的專業，也讓自己的想法被接受支持，以進行更大的創新與改變。

這樣的能力在這個時代，亦即庫尼文架構中，帶來機會的第三象限領域尤其重要；也很類似人類學家的田野調查，就是一種在現場藉由觀察、訪談、參與與實驗調整來搜集的知識與情報的能力。

日本管理學者野中郁次郎稱之為「內隱知識」（又稱靜默知識，閩南語稱眉角），這是相對於書本、可用文字說明的「外顯知識」。外顯知識人人都能掌握，內隱知識只能是當事人透過實作、揣摩所累積出來的心得與智慧。內隱知識只可意會，不易言傳，要透過人脈深入互動，建立深厚的互信關係，類似學徒制吸收學習，得透過細膩的感受、觀察與實作，才能深入了解。

外顯知識普遍運用在庫尼文架構的第一象限「簡單／已知」與第二象限「繁雜／可知」，只需要處理具體可推論的因果關係；內隱知識則是運用在「錯綜複雜／後知」的第三象限。

內隱知識蘊含了創新的機會，讓我們知道問題的癥結點，並啟發我們橫向連結的洞察力。就像第一章提到的，機總是隱藏在陰暗隱密處，必須察覺與找尋，否則無「機」不成事。透過位移，換位思考，挖掘需要詮釋、分析與解讀的內隱知識，再轉化成具體方案，藉著轉譯進行大量溝通，吸引更多資源，帶來改變的契機。

例如內衣達人Karen，就是透過大量實地協助、了解不同女性穿內衣的狀況與感受，才知道如何設計出適合她們胸型的內衣；岡山全家超商店長阿娟參與學校代課、老師校外教學，了解老師們的需求，才知道如何規劃體驗課程，解決老師的問題，並建立社區居民對自家超商的好感度；春水堂主管品質的副理江宜樺，則深入探討每樣產品的最佳口味，再決定如何制定標準作業流程，並進行徹底的訓練，才能達到品質一致的效果。

這些關鍵都來自偶然機緣的力量，至於最後能否成功，則取決於與他人相遇時，我們能否從中了解需求、構想，發現不易取得的內隱知識，累積更多情報，甚至扭轉我們既有的認知，帶來更有價值的洞察。

雖然大數據能夠預測、捕捉與計算整體行為，我們看似淪為被動的消費個體，一切都理所當然，都可被預期，但是大數據計算不到意外的偶然力量，以及從中衍生而出、各種難以想像的變化。

我們可以化被動為主動，主動找尋、累積各種內隱知識，就像一個個隱藏的小數據，這是大數據無法取代的能力，要靠自身努力挖掘，從各種小數據找到突破的機會。

也許，我們無法控制周遭複雜事件如何發生與改變，但只要具有位移與轉譯能力，即本書提到的六個方法，就能洞察辨識出哪些人事物帶來機會，當機立斷，順勢而為，加倍下注（時間、金錢或能力），等到天時地利人和都齊全時，就是創造成功的時機。

一萬小時的刻意練習，還是一千小時的聰明學習？

台灣最近很流行「一萬小時努力」的概念，來自作家葛拉威爾的《異數》引發的討論。他在這本書中想探討傑出的成功人士為什麼與眾不同？他認為，不管哪一種專業，成功的最大前提，都是有一萬個小時的持續練習。

葛拉威爾引用心理學家安德斯・艾瑞克森（Anders Ericsson）的研究，他們發現，任何的複雜性認知工作，都要經過一萬個小時的持續練習，才能成為頂尖高手。一萬個小時，如果每天練四個小時，相當於要練十年的時間。例如所有的西洋棋大師幾乎都是經過一萬個小時的訓練，才變成大師。

艾瑞克森後來出版《刻意練習》（*Peak*），補充葛拉威爾的說法，他提出「心智表徵」的概念，這是一種心智結構，高手的心智能夠有如直覺般進行快速運算。

心智表徵較弱的人，看到表象事物，可能視為隨機或混亂的一堆事物，但專家卻有能力看出隱藏的模式。例如西洋棋高手能夠運用心智表徵記憶的棋子位置，用模式化的概念，迅速判斷優劣勢，還能分辨出影響棋局的關鍵棋子。艾瑞克森說，刻意練習就是要練出高效率的心智表徵，當事人不僅要跳脫舒適圈，有具體目標，專注練習，還要有導師用客觀角度提供回饋，即時調整。

他談的心智表徵也是一種脈絡概念，透過持續累積經驗，進入見山是山、見山不是山的境界，看出整體局勢與相互因果關係，並加以判斷、應對。

他強調，心智表徵受到領域限定，並非一體適用，例如西洋棋高手比賽圍棋可能就和初學者一般，反之亦然。他也說明，刻意練習並非萬能，所訓練的領域必須是成熟發展的行業，並且有一套合理的評價標準和高效練習方法，如體育、舞蹈、音樂、棋藝等等。

這樣的能力，屬於庫尼文架構的第二象限「繁雜／可知」，有既定的規則，可推論的因果關係。如果在這個領域累積一萬小時，甚至十萬小時，透過時間與經驗累積，就能成為一位專業高手。但如果將這個概念，用在第三象限，就會出大問題。

因為在既有領域不斷精進，就如克里斯汀生強調的「維持性創新」，只能吸引尚不滿足的顧客，其他尚未消費、過度滿足的顧客，反而會越離越遠。尤其是現在各種專業知識變化快速，容易更新淘汰，加上黑天鵝不定期的破壞，如果太固守自己的領域，欠缺觀察其他專業的變化，不但無法進行交流與學習，且等到這行的遊戲規則被顛覆，就會出現被「破壞式創新」淘汰的窘境。

因此，我建議與其努力追求一萬小時的努力，不如將一萬小時的時間，拆解成十個一千小時，聰明地進入不同領域探索學習，有意識地累積不同專業的大量內隱知識，才有可能填補情報結構洞，將各領域原本流通性很低的「黏滯訊息」，藉由交流與互動，重新找出創新的機會。

這個方式也類似第四章多樣化人脈提到的紅色彩券與綠色彩券概念。紅色彩券投資成本高又耗時，一輩子只能累積幾張，中獎機率當然不高；獲得綠色彩券關鍵在於弱連結，藉由不同領域的交流，才能提高中獎機率。

另一種方式是從多樣化的專業，找到新的機會，整合新的能力，跳脫本行，創造全新的的專業。

比方鳳梨王子楊宇帆，他的溝通能力與樂觀積極的行動能力來自過去各種打工經驗累積，跨入完全不熟悉的農業之後，藉由爆紅的機會，努力強化農業知識與實務能力，但是仍維持以往搞笑行銷的風格，塑造自己獨特的魅力。

一直認為自己的才華只有唱歌的優席夫，因為歌唱事業受挫，遠赴英國生活，藉由當油漆工學習調色，加上台灣與英國兩地的生活經驗，創造出自己獨有的繪畫風格。

從廣告文案變成社會企業執行長的金欣儀，過去的專業是創意與文案，等到她透過環島旅行、環球旅行，深入了解農業領域的問題，再連結到自己的創意行銷，就變成了獨樹一格的農業專家。

孫治華從一位寫程式的工程師，藉著兼職工作成為一位簡報講師，進入媒體負責經營社群，累積許多國外創業的知識與趨勢，最後看到募資創業簡報教學的缺口，成為募資簡報專家。

他們深入各個專業領域，打通彼此的隔閡，產生連結，透過位移與轉譯，形成自己獨特的專業。

另一種重新運用一萬小時的方式，是先固守原有專業領域，再橫向連結幾個一千小時的聰明學習，不但可以降低過度發散的風險，也能夠汲取其他領域經驗，提升自己原本專業的視野與範圍。

原本是護理師的呂秀惠，擔任校護、進入藥廠與醫藥公關工作，雖然一直在醫藥界，卻能運用職涯的不同專業，整合出醫療、管理、策略與溝通的能力，打造屬於自己的事業特色。

聲音專家周震宇一直從事聲音表達教學，但是他卻能更進一步了解更多人的需求不在於學習配音，而在於學習溝通與自信，之後又跟不同產業、企業合作教育訓練，了解更多產業特色，逐步調整授課內容，符合顧客需求，創造多機會。

這兩種拆解一萬小時的方式，不但可以維持既有顧客，還能找到還不滿足的顧客，甚至帶來全新的顧客。

機會就在邊緣

整本書寫到這裡，談了六種方法，舉了近二十個故事，回到根本問題，機會就是轉折的時機點，有轉折，就代表可能會改變現狀，帶來不確定性。

人天生不喜歡不確定感，往往為了安全感，習慣待在熟悉的舒適圈。然而舒適圈內的強連結太熟悉，沒有太多獨特的機會，但跳脫舒適圈太遠，又令人無所適從。不妨處在舒適圈邊緣，保持適當的疏離感，既能了解圈內人，又可看到邊緣外其他圈子的狀況，能了解不同社群專業的需求與問題，甚至還能借用其他領域的做法與想法，解決圈內的瓶頸與問題。

這正是結構洞的概念。每個圈子都是不同的封閉結構，不同結構產生許多訊息缺口，也就是結構洞，意即就是跨在不同圈子交界處的機會。從生態學來說，這樣的邊陲交界地帶，被稱為生態過渡帶(ecotone)，這是多個群落或生態系統之間的過渡區域，因為資源、養分、食物與生態交融，帶來豐富多樣的物種生態，例如森林、海岸線、濕地、河口等邊緣地帶，都有這樣的特性。比方九〇%的海洋生物，都棲息在離岸邊很近的海洋中，而這些地帶其實只占海洋總面積的十分之一。

從生態學的邊緣效應，可以聯想到在各個文明或商業領域也是如此，例如港口與貿易重鎮，這些邊緣總是頻繁互動，充滿多采多姿的交流，帶來大量的機會。

機會就在邊緣，邊緣才有豐沛的機會。只是我們願不願意、有沒有勇氣在心態上變成一個邊緣人，勇於不隨波逐流。或是安全一點，借力使力，多接觸這樣的邊緣人、人脈王、人脈感應者，就可能帶來不一樣的變化與訊息。

法國詩人波特萊爾提出「漫遊者」的概念，他形容這樣的人，具備藝術家及詩人的性格與美感，生活在芸芸眾生之中，觀察這個世界，既處於世界的中心，卻又不為這個世界所知，他們並非與現實世界保持距離，反而參與其中，享受巨大的快樂。

我們可以是自己的機運漫遊者，不必聽天由命，而能操之在我。保持樂觀好奇的態度，對於這個世界來說，有點黏又不太黏，保持在各個領域中心，又經常游移到邊緣，隨時讓自己的主客觀能力自由切換，有時間就去找尋、接觸其他漫遊者。

比方說我們的時間分配，可以八〇%用在平日工作，二〇%用在學習、接觸不熟悉的專業，或是結識有特別想法的人，或與自己價值觀、想法和生活方式不一樣的人，藉由討論與分享，知道更多不同的觀點與故事。也可以閱讀他們喜歡或推薦的書、電影及活動，甚至課程講座，去了解不同立場、想法和價值觀的人，到底關心什麼、想什麼。讓許多的情報、有益的訊息，甚至有趣的挑戰與機會，自然地流動傳遞，不產生黏滯停頓，形成潛在的機會。

我自己算是一位漫遊者，以組合工作的方式，透過參與和觀察，了解不同產業與社群，包括擔任教育訓練的講師，不同產業的企業顧問，同時也是作家，透過演講與文字傳達我的想法。

講師、作家與顧問三種角色，讓我能接觸不同群眾、鄉鎮、組織與產業，這是相互獨立又彼此重疊的組合。這三個組合之中，不變的是花時間訪談、參與觀察，深入挖掘內隱知識，了解不同人事物的痛點，保持客觀角度，找出新連結的可能性，最後再提出個人見解與解決方案。

我們怎麼認識的？本書人脈大公開

從一個漫遊者的腳步與角度，我濃縮提煉出這本書的觀點，再逐步找到這群受訪者，如果把這本書當成一個機會點，跟他們的結識過程，就是有趣的偶然與巧合。

第一章的張永豪，是我看到楊力州導演的《拔一條河》三十分鐘網路版，才知道有這號人物。後來我規劃甲仙小旅行時，第一個想到的就是他，請他擔任拔河教練，教旅人練習拔河。旅人與甲仙國小拔河隊比賽時，他則擔任裁判，透過這些互動，讓旅人們體驗拔河的團隊精神與樂趣。

第二章出現的馬桶達人TOTO King，是我從網路上找到，請他來家裡修馬桶，閒聊產生的故事；直接跟農夫買社企創辦人金欣儀，是我主持過的一場講座的座談來賓，當時相談甚歡，我也很佩服她。後來邀請她參加由我帶路的池上小旅行，之後她也邀我擔任一場公益講座的講者，等到她環遊世界回來，成立社會企業一年之後，我再約訪，了解整個心路歷程與經營狀況。

跟亞洲人類圖學院創辦人喬宜思的認識比較特別，因為我有兩個朋友在不同場合都提到她的故事（其中一位是故事工作坊的學員純君，她也是人類圖培訓講師，另一位是信義學堂主辦人雅雯，喬宜思與我都是她經常邀請的講者，都是弱連結），建議我有機會要認識她，既然聽到兩個人都這麼說，而且故事曲折讓我好奇，就請朋友幫忙介紹，才能進一步認識與採訪她。

第三章出現的兩位人物，都跟我的說故事工作坊有關。楊宇帆是報名上課的學生，我引導他將紛雜的經驗整理成故事。他真誠地述說，讓我很感動，後來再去關廟的鳳梨田現場採訪他與他的父親，問出更深刻的想法與故事。

我的故事工作坊有項作業，每個學員要去採訪一位有趣的人，再上台講採訪的故事，其中一位學員鳳儀講了內衣達人Karen的故事。這個故事太神奇了，我便請鳳儀介紹，讓我能跟Karen聊聊，後來我太太也找Karen買內衣，成為固定客人（後來我才知道，鳳儀其實跟Karen不熟，只是剛好同桌吃飯，聊到她的創業故事）。

第四章的李惠貞是因為《Shopping Design》幾次採訪的關係而認識。我也邀請惠貞參加甲仙小旅行，在誠品講堂開的其中一堂課也邀請惠貞主講創意企劃，我的書《走自己的路，做有故事的人》請惠貞撰寫推薦文，也邀請她擔任新書發表會的來賓，建立深厚的友誼。

歌唱達人陳威宇跟我一樣，都是澄意文創的特約講師，我們在澄意尾牙認識，聽到他的故事，覺得非常有意思，才再去採訪他。

命理大師李咸陽認識最久，透過朋友介紹，他幫我卜卦，還幫我的小女兒取名字，他也參與我的池上與花蓮石梯坪小旅行，除了合作寫《樂活國民曆》，我也曾是他創辦的「I-Want」網站的活動評審，彼此經常互相交流。

第五章出現的超商店長許瑞娟，是全家超商店長說故事工作坊的學員，她的表現很突出且故事很有趣，我便進行更仔細的訪談，讓她也成為書中的主角；優席夫跟我都是台中薰衣草森林演講活動的講者，聽到彼此的想法與故事，覺得很有意思，決定在台北碰面，讓我進行更深度的訪談。

甲仙小奇芋冰城的老闆劉士賢，是我在甲仙辦小旅行認識的朋友，他很有想法，個性低調溫和，我有時會帶旅人去他店裡體驗如何製作芋頭酥，聽他分享自己的經營故事，每次到甲仙都會找他聊天。

至於第六章的春水堂主管江宜樺，是我在春水堂做主管教育訓練時，表現很精彩的學員，說話清楚有條理，很有想法，為了寫書，我又再去台中訪談她，把故事來龍去脈問得更清楚。

簡報達人孫治華，訪談前我們從未見過面，只是臉書朋友，因為不少朋友說他的簡報教學很厲害，我很想認識他，就透過臉書約訪，挖掘出他的故事。

醫藥顧問公司執行長呂秀惠，是我的工作坊學員，她上完我的課程，覺得很實用，也邀請我擔任她規劃的講座與工作坊講師，讓我意外地踏入醫療溝通領域，不只帶癌症、各種疾病的個案管理師練習深度溝通，還有帶領罕見疾病醫療團隊進行團隊共識交流。

第七章的聲音達人周震宇，書中有交代我們的認識過程，如果不是在他創辦的澄意文創開課，認識不同領域的學員，這本書就會少了六個精彩故事（包括他）。多元交流很重要，透過說故事工作坊的公開班，讓我有機會跟各領域工作者溝通，不僅產生本書的故事，也讓我增加幾個跨領域的工作。

跟知名作家褚士瑩純粹是在臉書認識，有一天他發臉書訊息給我，邀請我到台南擔任旅行設計工作坊講師，希望我帶學員走訪社區，後來這個合作很可惜沒有成行。之後我與他分別被出版社邀請參與新書導讀講座，兩人就在活動現場相遇，我便藉機約他進行採訪。

如果算算這十七位書中人物，幾乎跨越十多個專業（醫療、社會企業、農業、教育訓練、簡報、餐飲、藝術、命理、零售、編輯、內衣、服務與教育），而我與他們的認識幾乎都是弱連結的結果。其中四位是透過臉書認識，訪談才見到面，有四位是我的課程學員；另外有八位曾有合作經驗，例如辦講座、課程、旅行等活動。

藉由本書的訪談，我才有機會了解他們的專業與內隱知識，激盪出不少有趣的火花，打開我的視野；他們也很願意述說自己的心路歷程，其共同的特質就是謙虛，積極，同時認為自己的人生跟好運有關。

只是好運，加上才華與努力還不夠，最重要的是，他們面臨人生抉擇時，都能勇敢的下注，採取行動，投入時間、能力或資金，才引發後續一連串的複雜動力，創造難以預料的變化，帶來更多的好運。

多年前，我讀到法國詩人波特萊爾在《惡之華》中的〈太陽〉，對其中的詩句很有感覺，特別抄錄下來。多年後，想起這首詩，也送給讀者，希望大家都能迎面撞上長久渴望的機會，改變自己的人生。

我將獨自把奇異的劍術鍛鍊，
四處尋覓聲韻之偶然；
彷若行走於石子路上，
在字裡行間踉踉蹌蹌，
有時，迎面撞上長久渴望之詩句。

機會效應——掌握人生轉折點，察覺成功之路的偶然與必然／洪震宇著 -- 初版 .-- 台北市：時報文化，2018.1；
面； 14.8×21 公分（人生顧問；295）
ISBN 978-957-13-7296-9（平裝）
1. 成功法 2. 自我實現

177.2 106025426

人生顧問 295

機會效應——掌握人生轉折點，察覺成功之路的偶然與必然

作者 洪震宇｜**主編** 陳盈華｜**編輯** 林貞嫻｜**美術設計** 莊謹銘｜**執行企劃** 黃筱涵｜**董事長** 趙政岷｜**出版者** 時報文化出版企業股份有限公司 108019 台北市和平西路三段 240 號 4 樓 **發行專線**—(02)2306-6842 **讀者服務專線**—0800-231-705．(02)2304-7103 **讀者服務傳真**—(02)2304-6858 **郵撥**—19344724 時報文化出版公司 **信箱**—10899 臺北華江橋郵局第九九信箱 **時報悅讀網**—http://www.readingtimes.com.tw｜**法律顧問** 理律法律事務所 陳長文律師、李念祖律師｜**印刷** 勁達印刷有限公司｜**初版一刷** 2018 年 1 月 26 日｜**初版四刷** 2023 年 12 月 18 日｜**定價** 新台幣 380 元｜

時報文化出版公司成立於 1975 年，並於 1999 年股票上櫃公開發行，於 2008 年脫離中時集團非屬旺中，以「尊重智慧與創意的文化事業」為信念。